AF233332

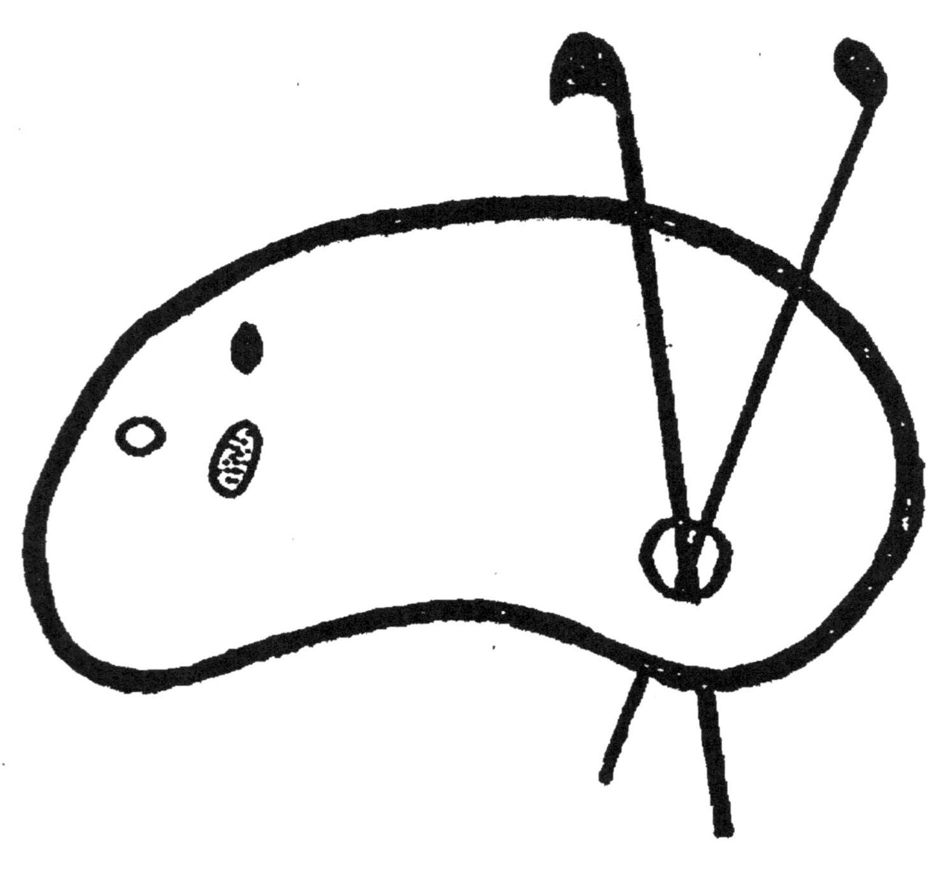

COUVERTURE SUPÉRIEURE ET INFÉRIEURE
EN COULEUR

CAMPAGNES

DU

ROI AMAURY Ier

DE JÉRUSALEM

EN ÉGYPTE, AU XIIe SIÈCLE

PAR

GUSTAVE SCHLUMBERGER

DE L'INSTITUT

Avec une carte

PARIS

LIBRAIRIE PLON

PLON-NOURRIT ET Cie, IMPRIMEURS-ÉDITEURS

8, RUE GARANCIÈRE — 6[e]

1906

A LA MÊME LIBRAIRIE

Histoire des Papes depuis la fin du moyen âge, ouvrage écrit d'après un grand nombre de documents inédits, extraits des archives secrètes du Vatican et autres, par le Dr Louis Pastor, professeur à l'Université d'Innsbrück. Traduit de l'allemand par Furcy Raynaud.
Tomes I et II. 3e édition. Deux volumes in-8°. . . . . 20 fr.
Tomes III et IV. 2e édition. Deux volumes in-8° . . . . 20 fr.
Tomes V et VI. 2e édition. Deux volumes in-8°. . . . . 20 fr.

Saint Louis et Alfonse de Poitiers. Étude sur les origines de la centralisation administrative, d'après des documents inédits, par Boutaric. Un volume in-8° cavalier. . . . . 8 fr.
(Ouvrage couronné par l'Institut. Académie des inscriptions et belles-lettres, grand prix Gobert.)

Procès des Frères et de l'Ordre du Temple, d'après des pièces inédites publiées par M. Michelet et des documents imprimés, anciens et nouveaux, par M. Lavocat, conseiller honoraire à la Cour d'appel de Rouen. Un volume in-8°. . . . . 7 fr. 50

Le Combat à pied de la Cavalerie au moyen âge, par M. de la Charvelays, membre de l'Académie de Dijon, officier d'académie. Une brochure in-8°. . . . . 1 fr.

Les Chevaliers de Malte et la Marine de Philippe II. Ouvrage accompagné de six cartes, par Jurien de la Gravière. Deux volumes in-18 . . . . 6 fr.

La Guerre de Chypre et la bataille de Lépante. Ouvrage accompagné de 11 cartes et plans, par Jurien de la Gravière. Deux volumes in-18 . . . . 8 fr.

Histoire des Francs, par le comte de Peyronnet, ancien ministre de la justice et ancien ministre de l'intérieur. Quatre volumes in-8°. Prix . . . . 16 fr.

La Terre Sainte. *Jérusalem et le nord de la Judée.* Ouvrage illustré de 117 gravures dans le texte et hors texte. *Nouvelle édition*, par Victor Guérin. Un volume grand in-8°. . . . . 8 fr.
(Couronné par l'Académie française, prix Montyon.)

Histoire de France, depuis les origines jusqu'à nos jours, par M. C. Dareste, recteur de l'Académie de Lyon, correspondant de l'Institut. 3e édition. L'ouvrage comprend neuf forts volumes in-8°. Prix . . . . 80 fr.
Chaque volume se vend séparément. Tomes I à VIII, le vol. 9 fr.; tome IX. . . . . 8 fr.
(Couronné deux fois par l'Académie française, grand prix Gobert.)

Histoire politique de la France, par C. de Loisne, ancien gouverneur de la Martinique. Un volume in-8°. . . . . 6 fr.

Fin de la vieille France : **François Ier.** Portraits et récits du seizième siècle, par Mme C. Coignet. Un vol. in-8°. . . . . 7 fr. 50

Fin de la vieille France : **Un Gentilhomme des temps passés : François de Scépeaux, sire de Vieilleville (1509-1571).** Portraits et récits du seizième siècle, règne de Henri II, par Mme C. Coignet. Un vol. in-8° . . . . 7 fr. 50

PARIS. — TYP. PLON-NOURRIT ET Cie, 8, RUE GARANCIÈRE. — 8579.

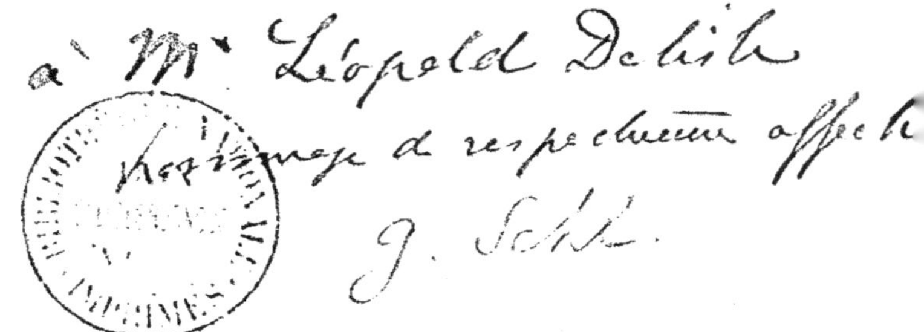

CAMPAGNES

DU

ROI AMAURY Iᴱᴿ

DE JÉRUSALEM

EN ÉGYPTE, AU XIIᵉ SIÈCLE

SCEAU DU ROI AMAURY 1er DE JÉRUSALEM
(Cabinet du marquis de Vogüé)

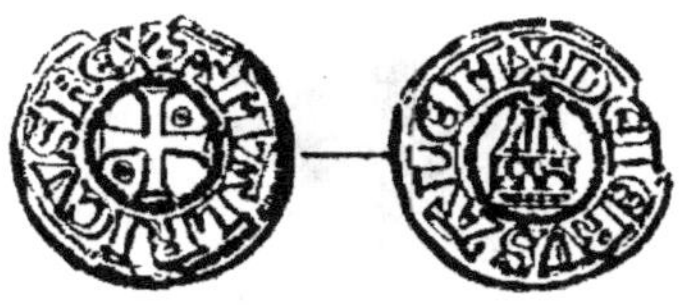

DENIER
DU ROI AMAURY 1er DE JÉRUSALEM

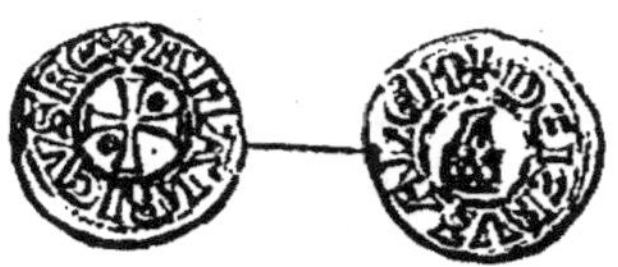

OBOLE DU MÊME

CAMPAGNES

DU

ROI AMAURY Ier

DE JÉRUSALEM

EN ÉGYPTE, AU XIIe SIÈCLE

PAR

GUSTAVE SCHLUMBERGER

DE L'INSTITUT

Avec une carte

PARIS

LIBRAIRIE PLON

PLON-NOURRIT ET Cie, IMPRIMEURS-ÉDITEURS

8, RUE GARANCIÈRE — 6^e

1906

Tous droits réservés

Ce livre, consacré à la gloire militaire des Français d'autrefois, est dédié à la chère mémoire de mon maître, de mon confrère bien-aimé, Anatole de Barthélemy, de l'Académie des Inscriptions et Belles-Lettres, mort le 27 juin 1904.

GUSTAVE SCHLUMBERGER.

Paris, octobre 1905.

CAMPAGNES
DU ROI AMAURY Iᵉʳ

DE JÉRUSALEM
EN ÉGYPTE

DE L'AN 1163 A L'AN 1169

CHAPITRE PREMIER

Mort du roi Baudouin III de Jérusalem, le 10 février 1162. — Avènement de son frère Amaury Iᵉʳ. — Portrait de ce prince. — Son divorce. — Péril extrême du royaume de Terre Sainte pressé entre l'empire de l'Atâbek Nour ed-Dîn et celui des Khalifes fatemides d'Égypte. — Anarchie de ce dernier empire. — Amaury veut en profiter pour détruire la puissance fatemide et s'emparer de l'Égypte. — Le vizir Schawer est chassé du Kaire. — Première campagne d'Amaury en Égypte, en l'an 1163. — Insuccès du siège de Belbéis. — Schawer est réinstallé en Égypte par Schirkoûh, général de Nour ed-Dîn. — Il se brouille avec son sauveur et implore le secours du roi Amaury.

Le vaillant roi de Jérusalem, Baudouin, troisième du nom, avait rendu son âme à Dieu, dans sa cité de Baruth, qui est aujourd'hui

Beyrouth, dans la trente-troisième année de son âge, le 10 février de l'an du Christ 1162, à la grande douleur et à l'extrême angoisse des habitants chrétiens du royaume de Terre Sainte. Plusieurs mois durant, avant de se faire transporter à Baruth, il avait été gisant au château de Tripoli, empoisonné, disait la voix publique, par des pilules que lui avait ordonnées Barak, le médecin musulman du comte franc de cette ville. Une chienne à laquelle on avait fait avaler une de ces pilules avait expiré sur-le-champ. Tous ces seigneurs latins de la Croisade au douzième siècle préféraient les médecins musulmans syriens ou juifs aux médecins d'Occident. C'était surtout une affaire de mode. L'infortuné jeune prince qui, depuis plus de dix-huit années, défendait héroïquement le saint royaume d'Outre-mer contre les Sarrasins acharnés à sa perte, avait benoîtement expiré en présence des principaux personnages du règne, après avoir communié et récité à haute voix le *Credo*. Il mourait sans issue masculine. Son frère Amaury, « le comte de Jaffe et d'E calonne », ainsi que les chroniqueurs du temps désignent les villes de Jaffa et d'Ascalon, conduisit sa royale dépouille en procession solennelle de Baruth à la cité de Jérusalem, où eurent lieu les funérailles au milieu du deuil général le plus sincère. Sur toute la longue route poudreuse se déroulant vers le sud, à travers les arides campagnes de la Palestine, les habitants de toutes les localités où passait le cortège de deuil se joignaient à lui, se lamentant et pleurant. De tous les villages, de toutes les plaines comme de toutes les montagnes, accouraient par milliers de fidèles sujets, des dévots, des soldats avides de rendre les derniers honneurs au souverain mort si prématurément, qui, si souvent, les avait conduits à la victoire aux campagnes de l'Oronte ou du Jourdain.

De Baruth à Jérusalem les lamentations funèbres ne s'interrompirent point. En dehors des portes de la Ville Sainte, le patriarche latin, tout son clergé, un peuple innombrable attendaient les restes mortels du héros endormi pour l'accompagner à travers les rues de la ville jusqu'au lieu de son dernier repos dans le temple auguste du Saint Sépulcre. Nour ed-Dîn, le puissant Atâbek d'Alep, le plus formidable adversaire des Latins d'Orient à cette époque, sollicité par beaucoup de ses émirs de profiter de ce grand deuil qui paralysait momentanément les mouvements des forces chrétiennes, pour faire irruption dans le royaume, leur fit cette belle réponse : « Nous devons avoir compassion de la juste douleur des Francs et les épargner, car ils viennent de perdre un prince tel que le monde n'en possède actuellement pas un second. »

Baudouin III eut pour successeur son frère Amaury. Celui-ci devait être un des plus brillants et des plus intrépides souverains de Jérusalem, parfait chef militaire, à l'égal de son frère, héros plein de courage et de vertus guerrières, en même temps qu'administrateur éclairé. Ce prince était alors dans sa vingt-septième année. Il était comte d'Ascalon depuis le siège fameux et la prise par les chrétiens de cette antique cité phénicienne en 1153. Au premier moment les grands du royaume semblaient peu d'accord pour faire de lui le successeur de Baudouin et le chroniqueur Ernoul va jusqu'à dire qu'ils firent de la rupture de son mariage avec la reine Agnès de Courtenai, sa trop proche parente, une condition *sine qua non* de son élection. Il est vrai que le divorce du nouveau roi suivit immédiatement son couronnement, mais d'autre part nous possédons encore le texte d'une lettre d'Amaury annonçant son avènement au roi Louis VII de France, dans laquelle se trouve cette phrase : « Nous avons été proclamé sans ombre d'empêchement et avec l'assentiment unanime de tous nos féaux. » — « Nostre sires, dit l'archevêque Guillaume de Tyr, regarda le pueple par sa pitié, et mout se traveillierent li prelat del païs comment la pès i fust mise, e fu cil Amauris coronez en l'église del Sepucre par la mein Amauris, le patriarche. » Bref, la volonté arrêtée du clergé et du peuple, dont Amaury était le favori, triompha de toutes les hésitations. Huit jours après la mort de Baudouin, « trois jorz

devant la feste Monseigneur seint Pierre, » en
la sainte église du Saint Sépulcre, en présence
de tout le haut clergé, de tous les hauts barons
et de tous les dignitaires du royaume, le comte
de Jaffe et d'Escalonne fut sacré par le vieux
patriarche Amaury. « Li ans estoit soissante
deusiesmes que la cité de Jérusalem avoit esté
conquise par nostre gent. »

L'archevêque de Tyr, le grand chroniqueur
de la Croisade au douzième siècle, nous a laissé
un bel et éloquent portrait de ce séduisant roi
Amaury qu'il avait si bien connu, si fidèlement
servi, auprès duquel il avait passé tant d'années
de sa vie laborieuse et agitée. « Le roi Amaury,
dit-il, était homme sage, instruit, profondément
réfléchi, de vaste et riche expérience dans la
connaissance des choses de ce monde. Il
éprouvait une certaine difficulté à s'exprimer,
affligé qu'il était d'un léger bégaiement, mais
c'était en réalité fort peu de chose. Il n'en était
pas moins de meilleur conseil qu'il n'était éloquent. D'habitude, à l'inverse de son frère
Baudouin, qui était très verbeux, il parlait peu,

semblant préférer le silence. Il possédait admirablement, mieux que pas un, les Assises, c'est-à-dire les Coutumes du saint royaume. Toujours il s'entremit avec énergie pour qu'elles fussent scrupuleusement respectées. Ce fut lui qui ordonna que tous les vassaux prêteraient serment de fidélité au roi. Ce fut lui encore qui édicta pour ces régions lointaines les premiers éléments du code naval. Il légiféra aussi sur les mariages. Il délivra de la lointaine Belbéis, durant une de ses campagnes en Égypte, une ordonnance importante sur la durée du service militaire. Souvent dans les cas d'interprétation difficile, son esprit étonnamment souple fournissait des solutions d'une extraordinaire perspicacité. « Il savait, dit encore l'archevêque de Tyr, par droit et raison, terminer les procès qui étaient appelés devant lui, à l'émerveillement de tous. — Bien souvent, dans les combats incessants et terribles qu'il livra aux ennemis de la Foi, il fut en péril mortel, mais toujours son âme demeura sans peur. Il exhortait ses guerriers au courage, au sacrifice, leur en don-

nant l'exemple. Il était instruit — « letres sa-
voit » — pas autant toutefois que son frère
Baudouin. Son jugement était constamment
sain, sa mémoire excellente. Toutes les fois
qu'il en avait le temps et l'occasion, il cherchait à s'instruire en matière de questions reli-
gieuses. Il était avide de lectures, surtout
dans le domaine historique. Ce qu'il avait une
fois appris, il le retenait toujours. Sa conduite
privée était constamment sage. Il détestait
les paroles vaines des jongleurs, les divertissements des ménétriers. Les plaisirs de la
table non plus ne lui disaient rien. Il se livrait
avec passion à la chasse au faucon, se riant
des intempéries, insoucieux de la chaleur.
Respectueux des commandements de l'Église,
il lui remettait pieusement toutes les dîmes
de ses terres.

A moins de nécessité absolue, en cas de
maladie par exemple, il ne manquait pas d'ouïr
la messe. Il méprisait le mal qu'on disait de lui
et feignait de ne pas s'en apercevoir. Sa sobriété
était parfaite, inattaquable. Jamais il ne s'ou-

bliait de ce chef. Sa confiance en ceux qu'il employait était entière. Jamais il ne prêtait créance aux calomnies qu'on proférait devant lui sur leur compte. Les uns le traitaient de fou à ce sujet. Les autres l'en applaudissaient.

A tant de beaux dons quelques défauts faisaient ombrage. Quand Amaury parlait en public, ce n'étaient certes pas, je l'ai dit, les pensées qui lui faisaient défaut, mais les paroles ne coulaient pas de source; son débit était dépourvu d'élégance. Bien qu'il fût loin d'être très cultivé, son esprit éveillé, soutenu par une mémoire heureuse, excellait, par de zélées lectures d'œuvres historiques, par des entretiens avec des hommes qui avaient beaucoup vu, à emmagasiner de très vastes sommes de connaissances. « Le fait qu'il me décida, s'écrie Guillaume de Tyr, à écrire mon grand livre sur la Croisade, est une preuve de l'importance extrême qu'il attribuait aux études historiques. Une de ses grandes joies était dans ses conversations avec les hommes spéciaux, dans les cas épineux de contestations juridiques, de soulever des questions très embrouillées et d'en chercher ou d'en indiquer la solution.

« Toutes ses occupations, en dehors même des obligations de ses fonctions royales, étaient de nature sérieuse. Il ne goûtait, je l'ai dit, ni les représentations théâtrales, ni le jeu de dés, mais bien la grande chasse et les autres divertissements de cette nature. Dans la guerre, où il témoignait d'une énergie et d'une endurance prodigieuses, il faisait constamment preuve de prudence, de finesse, de la plus admirable valeur. Ibn el Athîr dit que depuis la première apparition des Francs en Syrie, ceux-ci n'avaient jamais encore possédé de guerrier égal à celui-ci dans toutes les vertus militaires. .« Il fut, dit le chroniqueur arabe, le plus grand de leurs rois par sa bravoure, sa prudence, son esprit fin et avisé. » En occident, on célébrait également le courage héroïque d'Amaury. Un des pires reproches qu'on lui fit fut de prendre pour favori le léger et arrogant Miles de Plancy. Non seulement il en fit le sénéchal de son royaume, mais il lui donna avec la main d'Étiennette de Milly, veuve de Humfroy le jeune, la puissante forteresse de Montroyal ou Schaubak (1).

Amaury était d'une taille haute et imposante qui révélait sa royale personne aux plus indifférents. Son visage était noble et beau, avec deux grands yeux brillants comme des escarboucles, un grand nez d'aigle, une chevelure et une barbe abondantes. Seule sa poitrine étroite manquait de prestance. Son rire sonore ébranlait toute sa personne et lui faisait parfois perdre de sa dignité.

Amaury aimait à interroger « sur leur us et leurs contenances » ceux qui venaient à lui en messagers de terres étranges ou lointaines. De même il lui plaisait de s'informer auprès des clercs des passages des écritures qui lui semblaient obscurs. « Une foiz, raconte délicieusement l'archevêque de Tyr, qu'il avoit une fièvre tierceine foiblete », et qu'il résidait au château de Sur (qui est Tyr), lorsqu'il se sentit

(1) Plus tard, en troisièmes noces, cette princesse devait épouser le fameux Renaud de Châtillon.

guéri il fit venir devant lui « Guillaumes qui fu
arcevesques de Sur et ceste estoire mist en
latin ». Il interrogea sur la vie future le vénérable prélat qui lui donna forces preuves tirées
des Saintes Écritures. Tout le récit de la con-
versation entre le roi convalescent et le bon
évêque est d'un charme extrême, d'une naïveté
exquise (1).

Encore du vivant de son frère, vers l'an 1157
ou 1158 (2), Amaury avait épousé Agnès de
Courtenai, fille du comte Josselin III d'Édesse,
et veuve de Raynaud de Marasch. Elle lui
donna en 1160 un fils, le futur Baudouin IV (3).
Elle lui donna aussi une fille qui fut appelée
Sibylle, du nom de la comtesse de Flandre,
sœur de son frère. Mais ce mariage avait été
conclu contre la volonté et sans la permission
du patriarche Foucher, qui reprochait aux

(1) *Hist. occid. des Croisades,* t. I, pp. 887, 888.
(2) Röhricht, *Gesch. d. Königr. Jerus.,* p. 311, note 2.
(3) Le roi Baudouin III fut le parrain de cet enfant. Comme il
le tenait sur les fonds baptismaux, Amaury lui demanda en riant
quel cadeau il ferait à son filleul : « Je lui donnerai le royaume
de Jérusalem », répondit le jeune roi à son frère.

conjoints d'être parents au quatrième degré.

La chose fut plus tard prouvée « si comme li preudome del lignaige le jurèrent » en présence du patriarche Amaury, successeur de Foucher et du cardinal prêtre Jean, du titre des saints Jean et Paul, légat du Saint-Siège ». Le saint prélat exigea le divorce à cause de cette abomination (1), et fit dépendre de cette condition son consentement au couronnement d'Amaury.

Tout ce récit de Guillaume de Tyr est d'une grande naïveté. On hésitait sur le degré de parenté des conjoints. « Une prude femme était abbesse de l'abbaye de Sainte-Marie-la-Majeure qui est en Jérusalem devant le Sépulcre de Notre-Seigneur. Elle avait nom Tiphaine et était fille du vieux comte Josselin I d'Édesse et de la sœur du prince Roger d'Antioche. — Il s'agissait là des grands premiers noms de la première Croisade. — Tiphaine était déjà de grand âge, mais bien sut conter comment le roi

(1) Baudouin II, père des rois Baudouin III et Amaury, était, en effet, cousin de Josselin II le Jeune d'Édesse, père de cette Agnès, qui, après la mort de son premier mari Raynaud de Maraseh, avait fini par épouser Amaury.

Amaury et cette Agnès s'entrappartenaient.
Elle racontait ainsi : « Baudouin du Bourg, le
second, roi de Jérusalem, dont je vous ai parlé
avec tant d'éloges et Josselin d'Édesse le Vieux
qui assez fut prudhomme, étaient fils de deux
sœurs. De Baudouin fut née la reine Mélissende
et de Mélissende naquit Amaury. De l'autre
part de Josselin le Vieux naquit Josselin le
Jeune et de ce dernier cette comtesse Agnès,
ce pour quoi le mariage ne put être maintenu
entre ces deux. »

Bref, Amaury divorça d'avec sa jeune femme.
« Nequedant bien fu dit devant le Sépulcre
Notre-Seigneur que les deux enfants qui d'eux
étaient nés seraient droit hoir et loial en héri-
tage », c'est-à-dire qu'ils demeureraient légitimes. L'épouse répudiée se remaria avec
Hugues d'Ibelin, dont le frère, Balian le Jeune
d'Ibelin, devait, après la mort d'Amaury, épouser la seconde femme de celui-ci, Marie, mère
de la princesse Isabelle, qui eut, elle, quatre
maris. Plus tard, comme Hugues d'Ibelin mourut encore du vivant d'Amaury, Agnès devait

épouser en quatrièmes noces, elle aussi, Renaud
de Sidon, fils de Gérard de Sidon, dont elle dut
de même se séparer promptement, ce mariage
aussi ayant été annulé pour cause de parenté
défendue. Quelle effroyable consommation de
jeunes hommes faisait cette terrible existence
de Terre Sainte, si rude, si périlleuse, sans
cesse guerroyante sous un ciel de feu! Tous ces
princes de la Croisade mouraient à un âge si
peu avancé que les princesses leurs épouses,
avant d'arriver à la trentaine — lorsqu'elles y
arrivaient, — avaient convolé au moins deux ou
trois fois, parfois quatre, en justes noces.

Amaury, lui aussi, aussitôt couronné, ainsi
violemment séparé de sa reine Agnès, devait
songer à reprendre de suite une nouvelle
épouse. Sur le conseil de ses barons, il envoya
chercher femme à la lointaine cour de Constantinople, alors toute-puissante, dont le prestige
avait été glorieusement relevé dans tout l'Orient
par l'illustre basileus Manuel Comnène. L'archevêque Hernesius de Césarée et l'échanson
royal Odon de Saint-Amand furent les envoyés

du roi des Francs d'Outre-mer à Constantinople. « Le roi, par leur intermédiaire, mandait
à l'Empereur qu'il lui envoyât, si cela lui plaisait, la plus proche parente qu'il avait, qu'il la
prendrait aussitôt à femme et la ferait reine de
Jérusalem! L'empereur en fut moult liès. »
Après deux ans d'absence — rien ne se faisait
vite en ces temps difficiles — les ambassadeurs
latins revinrent enfin. Ils ramenaient avec eux
une princesse charmante, Marie Comnène, de la
maison impériale régnante. Elle était fille de
Jean Comnène, protosébaste, le fils du sébastocrator Andronic, le propre frère de l'empereur Manuel, le plus riche et important personnage de l'empire après celui-ci. Amaury, nous
le verrons, alla, en l'an 1167, à la rencontre de
l'impériale demoiselle, qui arrivait avec un cortège de nefs et de galères byzantines, » chargées d'or et d'argent et de draps de soie et de
gens ». Elle aborda d'abord à Saint-Jean-
d'Acre, d'où le brillant cortège se rendit à Tyr.
Le mariage fut célébré en grande pompe dans
la cathédrale de cette autre vieille métropole

phénicienne le 29 août 1167. Marie, à laquelle son royal époux donna en dot la cité de Naplouse, qui est l'antique Sichem, la Neapolis romaine, rendit celui-ci successivement père de deux filles : Isabelle, mariée d'abord à Humfroy de Toron, puis à Conrad de Montferrat, en troisièmes noces à Henri de Champagne, en quatrièmes noces enfin à Amaury II de Lusignan, et Alice qui mourut en bas âge.

Le gouvernement d'Amaury présente une physionomie toute spéciale parmi les autres règnes des rois de Jérusalem. Il fut spécialement et presque uniquement consacré à d'audacieuses tentatives de conquête de l'Égypte et le récit de ces campagnes, d'un héroïsme presque fabuleux, semble une vraie chanson de geste d'Occident transportée au pays des Mille et une Nuits.

La lecture des vieilles chroniques franques ou arabes qui nous ont conservé le souvenir de ces prouesses françaises, « *gesta Dei per Francos* », aux rivages du Nil, m'a charmé à tel point qu'un vif désir m'a pris de les faire mieux connaître au public épris des choses d'histoire.

Le petit royaume chrétien de Terre Sainte se trouvait plus que jamais à cette époque comme pris et resserré entre les deux grandes puissances sarrasines d'alors, celle du fameux Atâbek Nour ed-Din d'une part, maître de toute la Syrie musulmane, d'autre part celle du Khalife fatemide d'Égypte. Menacé de suffocation sous cette double pression incessante, il tentait constamment de triompher de l'une ou de l'autre pour se donner de l'air sur l'une ou l'autre de ses frontières. Naturellement il cherchait avant tout à détruire la plus vulnérable de ces puissances qui était en ce moment l'Égypte, fort affaiblie dans l'anarchie formidable qui marquait la fin de la dynastie des Fatemides. Les hommes de guerre prudents et avisés qui présidaient aux destinées du glorieux petit royaume franc perdu comme un brûlot solitaire sur les flots de l'Océan sarrasin, se rendaient parfaitement compte qu'une fois ou l'autre, ce qui devait arriver du reste si peu de temps après lors du triomphe de Saladin, ces deux formidables portions du monde musulman, presque constamment divisées pour le plus grand malheur de l'Islam, finiraient par se réconcilier sous un même sceptre au plus grand détriment des Latins d'Orient et qu'alors toute résistance deviendrait vaine, car l'enjeu et le gage même de cette réconciliation entre Sarrasins serait ce petit royaume de Terre Sainte!

Le grand mérite du roi Amaury fut de se rendre compte mieux que quiconque, de cette situation pleine de périls imminents. Profitant habilement des circonstances en ce moment très favorables : inaction prolongée de Nour ed-Dîn, affaiblissement extrême du khalifat d'Égypte, il faillit réussir dans son plan audacieux de s'emparer de la vallée du Nil. Mais cette entreprise était vraiment trop au-dessus des forces dont il disposait et la puissance de ses adversaires trop considérable. Aussi échoua-t-il finalement, mais ces glorieuses campagnes de cette petite armée de héros francs acharnés à conquérir cette vaste contrée ont un tel parfum de chevaleresque et guerrière épopée qu'elles s'emparent invinciblement de l'esprit de celui qui en lit le naïf et touchant récit dans les vieilles chroniques de jadis. C'est pourquoi j'en veux rendre compte ici.

Ainsi que je viens de le dire, les circonstances, au début du règne du roi Amaury, se trouvaient éminemment propices à cette tentative, en apparence si disproportionnée, de la conquête par le petit royaume latin de Terre Sainte de l'antique terre des Pharaons. D'une part le grand Nour ed-Dîn demeurait dans une complète et indolente inactivité. De l'autre la puissance du khalifat fatemide d'Égypte s'abîmait chaque jour davantage dans une immense anarchie. De cette apathie profonde de Nour ed-Dîn, le digne successeur de son glorieux père Zenguî, lui aussi demeuré si longtemps la terreur des Francs, le plus actif, le plus enragé de leurs adversaires, un témoignage précieux nous est demeuré dans la si curieuse autobiographie de son contemporain et serviteur le fameux émir Ousâma ibn Mounkidh que mon confrère

M. H. Derenbourg nous a tout récemment fait connaître (1).

Le 26 avril de l'an 1154 Nour ed-Din avait forcé par surprise la Porte Orientale de la cité de Damas, perle de la Syrie. Par cette occupation il avait réalisé à son profit une riche conquête que Zenguî son père avait tenté à plusieurs reprises de s'approprier, sans avoir toutefois pu réussir à incorporer définitivement dans ses vastes états cette ville fameuse qu'il avait toute sa vie durant considérée d'un œil de convoitise. Le prince musulman avait confié le gouvernement de sa nouvelle province au général en chef de son armée, l'oncle du jeune Saladin, Asad ed-Dîn Schirkoûh, qui avait pris une part décisive à la campagne si heureusement terminée. Puis étaient venus les effroyables tremblements de terre du mois d'août 1157 qui jetèrent bas une foule de villes syriennes, la grande Schaizar entre autres dont la population périt en masse. Tant de guerriers sarrasins

(1) *Ousâma ibn Mounkidh, un émir syrien au premier siècle des Croisades*, Paris, 1889.

avaient succombé dans ce désastre que la guerre en fut retardée. Puis vint encore la terrible maladie de Nour ed-Dîn qui, longtemps cloué sur sa couche de souffrance à Alep où il faillit mourir, n'était rentré que le septième jour du mois d'avril de l'an 1158 dans Damas après sa guérison inespérée. En février précédent les Francs avaient profité de l'inaction forcée de leur redoutable adversaire pour s'emparer de la puissante citadelle de Hârim. Nour ed-Dîn les avait bien battus à son tour peu après, mais son bras jadis si puissant mollissait. Le vizir ou premier ministre du jeune Khalife fatemide d'Égypte Al-Fâ'iz, qui avait nom Al-Malik As-Sâlih Tala'i ibn Rouzzîk, avait beau, par d'entraînantes pièces de vers qu'il lui envoyait par l'entremise d'Ousâma le Mounkidhite, l'inciter au bon combat contre les chrétiens polythéistes, afin de reconnaître ainsi la faveur d'Allah qui l'avait guéri de sa maladie, le vieux lion blessé ne voulait plus quitter son antre. Il faut lire dans la *Vie d'Ousâma* cette singulière correspondance entre le vizir et le

Mounkidhite. Dans la dernière de ses lettres poétiques adressées à Ousâma, As-Sâlih, après avoir énuméré ses succès sur les Francs, termine en disant à son correspondant : « C'est pourquoi dites à Nour ed-Dîn : Renonce à une certaine inclination vers les Francs et à une suspension des hostilités, qui a fait manquer le but à d'autres qu'eux, tandis qu'eux ne l'ont pas manqué.

« Considère la situation. Combien de conditions tu leur as imposées précédemment; que de fois ils les ont violées traîtreusement !

« Retrousse les pans de ta robe — c'est-à-dire : « hâte-toi » — car nous t'avons fourni tout le concours que tu avais demandé; expédie-nous tes armées et qu'elles viennent sans retard. »

« Malgré ces adjurations réitérées d'As-Sâlih, Noûr ed-Dîn, dit M. Derenbourg (1), n'avait bas bougé. Il avait simplement traité cette correspondance littéraire en jeu d'esprit,

(1) *Op. cit.*, p. 295.

qui ne lui apprenait rien, puisque dans ses rési-
dences de Damas et d'Alep, il était mieux placé
que le vizir de Misr (1) pour connaître les événements de Syrie et pour en apprécier les con-
séquences immédiates. Sa politique d'attente,
de circonspection et d'égoïsme ne pouvait d'ailleurs être servie par un meilleur interprète
qu'Ousâma, dont les rares réponses évitent les
précisions des engagements formels pour se
mouvoir dans les obscurités d'un langage
ambigu, où promesses comme refus sont insai-
sissables...

« Si Noûr ed-Dîn s'était, à ce moment, laissé
séduire par les offres de concours et par les
allégations d'As-Sâlih ; s'il avait contracté avec
lui l'alliance sollicitée par l'entremise d'Ousâma, le royaume de Jérusalem et les possessions des Croisés au sud du Jourdain n'auraient
pas pu résister à l'attaque simultanée de deux
puissants ennemis venus à la fois du nord-est et
du sud-ouest. Heureusement pour la sécurité

(1) C'était un des noms arabes du vieux Kaire à cette époque.

de l'Orient latin, As-Sâlih n'était pas parvenu à convaincre Nour ed-Dîn ni par son éloquence persuasive, ni par une ambassade qu'il lui avait envoyée, à laquelle les Francs essayèrent de barrer la route et qui n'en était pas moins arrivée à destination le 11 octobre 1158. En effet, le chambellan de Nour ed-Dîn, Mahmoud al-Moustarschidî, qui avait été porter à Misr la réponse dilatoire de son maître aux demandes pressantes d'As-Sâlih, était revenu accompagné d'un des émirs égyptiens, chargé d'offrir à Nour ed-Dîn des armes, des étoffes précieuses égyptiennes, des chevaux arabes pour une somme de trente mille dinârs en pièces d'or comme contribution à la guerre sainte, enfin de lui remettre une lettre autographe contenant encore plusieurs pièces de vers composées pour l'exciter à combattre les Francs. As-Sâlih avait échoué dans sa tentative et ses présents n'avaient pas eu plus de succès que ses épîtres. Il s'était heurté à un parti pris d'autant plus inébranlable que de légères escarmouches avec les Francs, où ceux-ci avaient été vainqueurs, lui donnaient un semblant de légitimité. Nour ed-Dîn persistait à se réserver afin d'être un jour, selon l'expression d'Ousâma, « pour les musulmans une défense, pour le monde un embellissement ».

« Plutôt que de faire la chasse aux Francs, Nour ed-Dîn et Ousâma se divertissaient à poursuivre les lièvres dans la région de Hamâ, en compagnie d'Asch-Scharîf As Sayyid Bahâ ed-Dîn, descendant du Prophète ou d'Ali, et les renards de Karâhisâr sur le territoire d'Alep avec Nadjm ed-Dîn Aboû Tâlib ibn Alî Kourd.

« Dès le commencement de 1159, Nour-ed-Dîn avait contracté dans la citadelle d'Alep une nouvelle maladie, plus grave que la première. La nouvelle de sa mort s'était propagée même avec une telle vraisemblance que sa succession fut considérée comme ouverte. Son prompt rétablissement déconcerta son plus jeune frère Nousrat ed-Dîn Amir Amîrân, qui s'était déjà rendu maître de toute la ville d'Alep, à l'exception de la citadelle...

« Le ton vague où avait été maintenue de parti pris cette correspondance poétique entre As-Salîh et Ousâma, l'allure compassée des réponses de ce dernier, auraient découragé un esprit moins obstiné que celui d'As-Sâlih. La mort prématurée — et c'est à ce propos que nous allons enfin parler de l'état d'anarchie dans laquelle se débattait l'Égypte à ce moment, qui fut un des mobiles principaux des résolutions d'Amaury — la mort prématurée, dis-je, du pauvre petit Khalife fatemide, l'épileptique Abou'l Kâsim Al-Fâ'iz, le vingt-trois juillet de l'an 1160 (1), après six années et cinq mois de règne, lui avait fourni l'occasion qu'il saisit de renouer avec Ousâma l'entretien un moment interrompu. »

Al-Fâ'iz, au moment de sa mort, n'avait qu'onze ans et demi. Presque toute sa famille avait péri massacrée avec son père lors de son avènement. Le grand vizir As-Sâlih ne savait

____

(1) Dix-septième jour du mois de *radjab* de l'an 555 de l'Hégire. Il était né le 31 mai 1149 et avait été proclamé Khalife avant d'avoir achevé sa cinquième année.

qui mettre sur le trône à sa place, mais il était bien décidé à lui donner un successeur qu'il pourrait également continuer à tenir en tutelle. Aussitôt après la mort du petit Khalife, il était donc allé au Château, c'est-à-dire au Palais, et ayant fait venir un certain vieil eunuque, il lui avait demandé qui il lui conseillait d'élire. Celui-ci avait désigné successivement plusieurs personnes parmi lesquelles un homme déjà âgé. As-Sâlih avait fait venir ce personnage, puis, ne l'ayant pas goûté, il l'avait renvoyé. Enfin il avait pris une décision, estimant plus prudent, sur l'avis secret d'un de ses officiers, de choisir un fils encore enfant d'Youssof ben el-Dhâfir, jadis tué par Abbas avec son frère l'avant-dernier Khalife. Ce petit prince, appelé Abou Mohammed Abdallah, était donc cousin germain d'Al-Fâ'iz. Étant né le 9 mai 1151, il avait à ce moment environ neuf ans. As-Sâlih lui avait donné sa fille en mariage avec une dot d'une richesse prodigieuse et l'avait proclamé sous le nom d'Al-'Âdid li-Dîn Allah, *Celui qui apporte de l'aide à la Religion d'Allah*. Cet

enfant lamentable devait être le dernier et mé-
lancolique Khalife de la race fameuse des Fatemides d'Égypte.

« As-Sâlih ibn Rouzzîk, dit le chroniqueur
Abou Chamah, pour qu'il le rapportât à son
maître et protecteur Nour ed-Dîn, avait fait part
de ces événements à Ousâma en ces termes :

« Félicite-moi d'une faveur dont la reconnaissance ne saurait atteindre la mesure, souhaite-
moi, la patience pour un malheur que je sup-
porte impatiemment.

« Al-Fâ'iz le pur, l'imâm, est mort, et après
lui Al-'Âdid le pur a recueilli chez nous la succession de l'imâmat.

« Deux imâms dirigés dans la voie d'Allâh.
Il y a un mystère dans le rappel de l'un vers la
grâce d'Allâh et dans l'élévation de l'autre.

« Continue à vivre et sois conservé pour les
hommes, toi qui es leur caution, toi qui écartes
d'eux toute chance d'accident. »

Nous ne connaissons pas la réponse faite
par Ousâma à cette poétique épître si flatteuse.
Il était alors vraisemblablement fort occupé à

préparer son pèlerinage à la Mecque, qu'il devait exécuter en décembre de cette même année.
Il avait alors déjà soixante-sept années musulmanes. « Il était donc grand temps pour lui,
s'il voulait se garder contre toute surprise, de
se mettre en règle avec Allah et de ne point
différer l'accomplissement du devoir dont ne
peut s'affranchir aucun musulman, homme ou
femme, qui aspire à être admis au moins dans
le cinquième ciel, lorsque son âme sortira de
l'enveloppe corporelle ainsi qu'une goutte d'eau
échappe d'une outre. » Que ne pouvons-nous
suivre cet intéressant pèlerin allant de Damas
aux villes saintes du Hedjaz « balancé douce-
ment par la marche toujours égale de son chameau, moelleusement assis dans son palanquin
ainsi que dans une petite tente ! »

Le puissant vizir As-Sâlih ibn Rouzzik, de
haute et fière prestance, cultivé, même lettré,
avait donné à l'Égypte un gouvernement ferme
et bon. Malheureusement sa rapacité à vendre
très cher aux plus offrants des émirs les diverses
places de l'État, son arrogante attitude vis-à-vis

du petit Khalife qu'il traitait comme un humble esclave, enfin l'incroyable sévérité avec laquelle il maintenait l'ordre dans l'immense population du Palais, au grand déplaisir des femmes principalement, avaient dès longtemps excité contre lui une foule d'animosités particulières. Bientôt une conspiration s'était formée par les soins surtout de la plus jeune des tantes du Khalife. A la sortie du palais, le vizir, surpris par des émirs postés sur son passage, avait été blessé à mort le 11 septembre 1161. En expirant, il avait déclaré qu'il ne se repentait d'aucune des actions de sa vie, seulement d'avoir donné une préfecture en Haute Égypte à Schawer, dont il va bientôt être tant question, et, au lieu d'avoir fait halte à Belbéis, lors de la guerre avec les Francs, et d'avoir dépensé inutilement à cette occasion tant d'argent, d'avoir poursuivi ses avantages en s'emparant de Jérusalem et en extirpant de Terre Sainte la puissance des Latins. Il avait, en outre, ordonné à son fils Rouzzik de ne jamais, sous aucun prétexte, permettre à ce même Schawer de s'approcher de lui, ce qui l'exposerait certainement à perdre à la fois le pouvoir et la vie. Bientôt après ce singulier exposé de ses dernières volontés, le puissant vizir avait rendu l'âme, non point cependant sans avoir savouré une joie suprême en employant ses dernières forces à égorger de sa main l'instigatrice de son assassinat. Dénoncée et livrée par son propre neveu, le petit Khalife, l'infortunée jeune femme, amenée près de la couche du moribond, avait reçu de sa main défaillante le coup mortel. Ceci se passait six mois environ avant la mort du roi Baudouin III et l'avènement de son frère le roi Amaury.

On enterra As-Sâlih dans un monument érigé sur la haute montagne appelée Karâfa. Le surlendemain son fils Abou Schougâ Rouzzîk el-Adil avait été nommé grand vizir à sa place. Le nouveau maître de l'Égypte prit au moment de son investiture le titre d'El Malek el-Adil en-Nâcer. Il ne devait guère se passer de temps avant que la funèbre prédiction de son père ne se réalisât.

As-Sâlih ibn Rouzzîk, on l'a vu, avait nommé à la préfecture du Saïd ou Haute Égypte, qui avait Koûs pour capitale, un émir du nom d'Abou Schougâ Schawer ben Mudjîr (1). Ce noble fils d'une des plus vieilles familles arabes, descendant du frère de la nourrice du Prophète, guerrier intrépide, admirable cavalier, homme aussi ambitieux que de grand cœur, s'était promptement attiré une popularité telle parmi les habitants de sa province comme parmi les chefs des tribus arabes nomades voisines qu'As-Sâlih, effrayé de ces symptômes, n'avait pas osé le révoquer malgré qu'il se montrât déjà aussi indiscipliné qu'arrogant. « Ceux d'Égypte, dit la *Chronique* d'Ernoul, adoraient Schawer à l'égal d'un dieu. Quand il y avait un malade, on le portait devant son palais, et on l'appelait. Il venait alors et secouait sa manche à une santé. Et quand le malade revenait à la santé;

(1) Sur l'origne du titre étrange de « Mulane », « la Mulane » ou « Murleinne », « Mulene » constamment donné à ce personnage par Ernoul et Guillaume de Tyr, voy. L. DE MAS-LATRIE, *Chronique d'Ernoul et de Bernard le trésorier*, p. 18, note 6. « Moulana » en arabe signifie « notre maître ».

tous croyaient que c'était par lui... Ce Mulane
était tellement craint qu'il tenait son royaume
en paix et qu'on lui apportait les revenus de
toute la terre d'Égypte et d'Alexandrie à son
château où il résidait, qui a nom le Kaire près
de la cité de Babilone (qui est Fostat). A cette
époque, on ne connaissait aucun haut homme
au monde qui eût assemblé un aussi grand
trésor que celui qu'il avait dans son château du
Kaire, excepté seulement l'empereur de Constantinople. »

Ce que le père n'avait osé faire, le fils crut
pouvoir l'accomplir dès l'année suivante. Poussé
par de maladroits conseillers, Rouzzîk el-Adil
avait déposé Schawer au mois d'août de l'an
1162 et donné sa place à l'émir Ibn el-Rifa.
Aussitôt l'émir disgracié, profitant de ce que,
depuis la mort d'As-Sâlih, les ressorts de l'autorité s'étaient fort détendus, s'était révolté
ouvertement. Réfugié d'abord dans les oasis
du désert, il avait gagné par cette voie la localité de Taroudj, tout près d'Alexandrie, où il
avait réussi rapidement à réunir une nombreuse

armée. Dès le 3 du mois de décembre, il entrait en vainqueur au Kaire, que Rouzzîk el-Adil avait évacué deux jours auparavant, emmenant avec lui dans un infini convoi sa famille, ses fidèles, ses immenses trésors. Le vizir fugitif s'était retiré à Atfih auprès d'un ami qu'il avait comblé de bienfaits. L'infâme courut au Kaire avertir Schawer qui fit saisir le malheureux par ses soldats. On le fit attendre longtemps devant la porte de la ville avant de l'emprisonner. Le traître qui l'avait livré fut pendu. Quant à lui, on le massacra. Sa tête fut exposée publiquement aux yeux des émirs.

Schawer, nommé vizir en place de celui qu'il avait fait tuer, porté ainsi si rapidement au faîte de la fortune, devint du coup maître incontesté de toute l'Égypte. Il gouverna despotiquement sans plus s'inquiéter du petit Khalife qui végétait dans un coin du Palais.

Le nouveau vizir était de mœurs raffinées et chevaleresques. Il adorait la gaie science des lettres et s'entoura de poètes qui rimaient à qui mieux mieux ses vertus et ses hauts faits. Un d'eux lui en récita un jour quelques-uns qui tant lui plurent qu'il lui fit remplir la bouche de pièces d'or, répétant à maintes reprises ces strophes charmantes.

Malheureusement l'Égypte n'arrivait pas à se remettre de cette longue anarchie qui avait troublé l'État jusque dans ses fondements. On ne sortait d'une sédition que pour tomber dans une autre. Il s'éleva presque aussitôt un concurrent fort dangereux pour le nouveau vizir dans la personne de l'émir Abou'l Aschbal Dhirgâm. C'était un chef fort en vue du corps d'El-Barkia, régiment de milice fondé par As-Sâlih et ainsi nommé d'un des quartiers du Kaire. A la suite d'un soulèvement que je n'ai pas à raconter ici, cet homme audacieux réussit à son tour à chasser Schawer du Kaire, au mois d'août de l'an 1163. Il fit tuer son fils aîné et le contraignit lui-même à se réfugier hors d'Égypte.

C'est à ce moment précis, c'est-à-dire dans la seconde moitié de l'an 1163, que se place une première expédition dans ce pays du jeune roi Amaury de Jérusalem. Nous ne possédons malheureusement sur cette première campagne que les indications les plus brèves, tout au plus quelques lignes des chroniqueurs. A partir de son avènement le 10 février 1162, Amaury, je l'ai dit, n'avait cessé un seul jour d'avoir les yeux tournés vers cette belle terre d'Égypte, que d'autres rois de Jérusalem, comme Baudouin I, s'étaient déjà efforcés de conquérir. Les richesses de Misr fascinaient ce prince intrépide. Surtout, à tort ou à raison, il croyait fermement voir dans l'anéantissement de la puissance sarrasine dans la vallée du Nil et son remplacement par la puissance franque le salut définitif pour le petit royaume chrétien aux destinées duquel il présidait avec un zèle anxieux. Très certainement, bien que nous ne sachions rien de précis à ce sujet, les affreuses luttes intestines au Kaire, que nous venons de raconter et qui avaient été contemporaines de son avènement, la chute successive de trois vizirs, l'affaiblissement extrême et l'anarchie du pouvoir des

Khalifes, enfin la récente et heureuse conquête d'Ascalon, avaient été les raisons décisives qui amenèrent Amaury à prendre la résolution si grave d'intervenir dans ces luttes entre émirs sarrasins. Le prétexte fut facilement trouvé! « Le roi Amaury, disent les chroniqueurs francs, organisa une expédition contre l'Égypte parce que le Khalife — ou plutôt le vizir qui gouvernait aux lieu et place de cet enfant — avait refusé de payer le tribut jadis promis à son frère et prédécesseur Baudouin III. » L'historien syrien Aboulfaradj (1), en effet, raconte expressément qu'après la mort d'Al-Fâ'iz, le vizir al-Adil ibn Rouzzîk s'était engagé à payer à la cour de Jérusalem l'énorme tribut annuel de cent soixante mille pièces d'or ou dinârs (2). Un des nouveaux vizirs, peut-être le fils d'Ibn Rouzzîk, ou bien plutôt Schawer, ayant refusé d'acquitter ce honteux subside, Amaury, qui venait de voir le pouvoir si récent de ce dernier violemment

(1) *Chron. syr.*, éd. Bruns et Kirsch, p. 357. Voy. Röhricht, *op. cit.*, p. 314, note 2.

(2) Wüstenfeld, *Gesch. d. Fatim.-Khalifen*, p. 330, dit trente-trois mille!

renversé par Dhirgâm, se décida à intervenir.

J'ai dit que nous ne savions, hélas! presque rien sur cette première de ces campagnes étranges qui devaient si souvent sous ce règne porter à travers les sables infinis de l'isthme sinaïtique la petite armée vêtue de fer du roi Amaury jusque dans la vaste et verdoyante vallée où coule le vieux Nil, père antique de toute histoire. Quelques brèves lignes des chroniqueurs et c'est là tout! Amaury et ses chevaliers, ses gens de pied, ses mercenaires sarrasins, ses longs convois poudreux de chameaux difformes, se mirent en route le premier jour de septembre de l'an 1163. « C'était la première expédition du nouveau roi! Aussi s'efforça-t-il de bien guerroyer », s'écrie le chroniqueur! Nous ne savons que ceci, c'est que les Francs, après avoir traversé à partir d'El Arish jusqu'à Faramia, qui est la moderne Péluse, tout l'isthme sinaïtique en suivant sur le rivage de la mer la route ordinaire des caravanes marquée par quelques puits — route constante de toutes les expéditions guerrières traversant l'isthme

dans un sens ou dans l'autre, expéditions de
Cambyse ou de Bonaparte — pénétrèrent dans
la vallée même du Nil. En avant de Belbéis,
clef de l'Égypte sur cette frontière, clef surtout
de la branche pélusiaque du Nil alors encore
existante, qui conduisait directement au Kaire,
la petite armée chrétienne se trouva subitement
en face des forces sarrasines qui accouraient
lui barrer le passage sous le commandement du
frère de Dhirgâm, Nasr-el-Mouslimîn (1). Les
Francs investirent aussitôt cette cité de Belbéis,
une des plus importantes de l'Égypte à cette
époque, la première qu'on rencontrât en venant
de Syrie par l'isthme. C'était la Phelbes copte.
Près de cette place on aperçoit encore l'ancien
canal creusé par les Pharaons, dont on peut
reconnaître les traces jusqu'à une distance assez
considérable (2).

D'abord le succès parut assuré. Une portion

(1) WÜSTENFELD, *op. cit.*, p. 330, le nomme Hammân. Cet auteur
ajoute que les Francs « débarquèrent en ce point. » Une portion
de l'armée latine serait donc venue par mer !

(2) Voy. sur Belbéis, ses origines et sa topographie : Et. QUA-
TREMÈRE, *Mém. géog. et hist. sur l'Égypte*, t. I, pp. 53 à 98.

du rempart était déjà tombée aux mains des chevaliers latins lorsque les Égyptiens, grâce à la crue du Nil (1), purent enfin recourir à leur grand procédé de tactique ordinaire. Ils coupèrent les digues et tout le plat pays aux environs de la cité assiégée en fut aussitôt inondé « en cele manière que fu la terre close et garantie ».

Les Francs n'étaient point faits encore à ces procédés de défense tout nouveaux pour eux. Ils ignoraient le moyen de lutter contre cette mer montante sous laquelle toute terre disparaissait, fondant comme à vue d'œil. Amaury, comprenant de suite que ses soldats, réfugiés sur quelques îlots de sable plus élevés, ne pourraient jamais dans ces conditions prendre Belbéis, se retira précipitamment. Nous ne possédons sur cette expédition, outre ces quelques lignes des chroniqueurs arabes et quelques-unes de Guillaume de Tyr (2), qu'une curieuse

(1) On sait que le Nil se met à grossir en mai pour être étale en septembre. En octobre il commence à diminuer.
(2) L. xix, chap. 5.

lettre d'Amaury au roi Louis VII de France, écrite vers la fin du mois de septembre de cette année 1163.

Voici la traduction de ce document très précieux, écrit en latin, qui nous a été conservé par Bongars (1).

« A Louis, par la grâce de Dieu très glorieux roi des Francs et son ami sérénissime, Amaury, par la même grâce roi de Jérusalem, salut!

« Comme nous chérissons votre personne et votre royaume et sommes dévoués à votre service et espérons tout spécialement en vous et votre royaume, nous jugeons convenable de notifier les succès de nos armes à Votre Majesté. Qu'Elle sache que nous avons envahi l'Égypte avec toutes les forces que nous avons pu assembler. Nous avons laissé notre royaume aussi bien défendu que possible contre Nour ed-Din qui avait assemblé toutes ses forces de Baldac et des régions de l'Euphrate et de toutes ses provinces. Nous nous sommes concentrés

____

(1) A. 1182, n° 23.

devant une très illustre cité d'Égypte nommée Belbéis, ayant en face de nous toutes les forces de ce pays. Dieu cependant, qui ne s'occupe pas du nombre, mit en fuite cette multitude d'adversaires. L'ennemi perdit une foule de morts. Beaucoup de ses chefs les meilleurs et les plus illustres furent pris. Nous passâmes la nuit en ce lieu. Le lendemain nous donnâmes un assaut furieux à la ville et, n'eût été l'inondation annuelle du fleuve du Paradis (1) qui nous surprit et nous gêna prodigieusement, cette cité eût été prise d'assaut ou se serait rendue. Si donc comme de coutume votre vertu magnifique tient à nous porter secours, avec l'aide de Dieu, l'Égypte pourra être facilement marquée du signe de la Très Sainte Croix. Portez-vous bien. »

Dans le courant de l'automne de l'an 1163, le roi Amaury et l'armée royale furent de retour dans le saint royaume!

(1) Le Nil était un des quatre fleuves du paradis, dans l'antiquité chrétienne et pour les Pères de l'Église comme pour les chroniqueurs du moyen âge. Déjà dans l'antiquité il était considéré comme venant du ciel.

Revenons à Schawer, qui, de son côté, avait, durant ces événements, réussi à gagner la Syrie. Le noble fugitif avait de suite couru à Damas implorer l'assistance de Nour ed-Dîn. Il arriva dans cette ville dans le courant de l'hiver de 1163 à 1164, peu après la fin de cette première campagne des Francs en Égypte, et offrit à l'Atâbek pour prix de son aide le tiers des revenus de cette contrée.

Nour ed-Dîn, revenu depuis peu à la pleine santé, après des années de languissante apathie, avait enfin retrouvé l'énergie de jadis. Il avait avec plus de vigueur que jamais inauguré à nouveau la guerre sainte à outrance contre les Francs, auxquels il ne pouvait pardonner la prise de Hârim. Ses nouveaux débuts n'avaient d'abord pas été heureux. En 1162 il avait échoué devant cette même place. Force lui avait été de lever le siège. Au printemps de l'an suivant il avait encore, contre toute attente, subi un terrible échec. Après avoir envahi le comté de Tripoli, il s'était jeté subitement sur Harîm. Surpris dans son camp par le jeune prince d'Antioche, soutenu par des renforts de troupes byzantines, il subit une affreuse déroute au lieu dit « le gué de la Boquée ». Son armée fut comme anéantie (1). Lui-même n'avait échappé à la mort ou à la pire des captivités que par le dévouement d'un guerrier kurde qui s'était fait tuer pour lui donner le temps de s'évader. Telle fut sa hâte qu'il dut fuir un pied déchaussé sur la jument qu'il avait réussi à enfourcher. Les chrétiens firent un prodigieux butin.

« Le danger auquel l'Atâbek venait d'échapper, dit M. Derenbourg (2), l'avait profondément affecté. C'était un avertissement d'Allâh. Il s'engagea, sur les instances de ses conseillers, à faire pénitence, revêtit les vêtements les plus grossiers, abolit un certain nombre de dîmes, de surtaxes et de redevances, interdit les exactions, s'abstint de coucher sur un lit et renonça à toutes sortes de plaisirs. Les Francs même lui ayant fait des propositions de paix, il

(1) Voy. GUILL. DE TYR, *Hist. occid. des Cr.*, t. I, 2ᵉ partie, p. 895.
(2) *Op. cit.*, p. 309.

ne voulut point y prêter l'oreille. Son unique préoccupation était maintenant, suivant les énergiques expressions d'Ibn el Athîr, de « se « préparer à recommencer la guerre sainte, « de faire subir à l'ennemi la peine du talion « et de l'attaquer jusque dans l'intérieur des « maisons, pour réparer son échec, combler « la brèche béante, effacer le stigmate de sa « faiblesse, et faire reluire l'éclat de sa puis- « sance ! »

Avant même que la petite armée du roi Amaury, désirant profiter de l'état d'anarchie qui régnait en Égypte, eût tenté en automne de l'an 1163 contre Belbéis ce premier effort qui devait si complètement échouer, Dhirgâm, qui avait été fait grand vizir par le petit Khalife Al-Âdîd sous le nom d'El-Malek el-Mansour, ce qui signifie « le prince Victorieux », avait de lui-même signé sa perte. Son avènement avait été salué par le joyeux enthousiasme de tous, mais, par légèreté naturelle, il s'était précipité presque aussitôt délibérément dans les pires infortunes. Doué des plus belles qualités phy-

siques et morales, d'une noble prestance, généreux, sage, cultivé, plein de savoir-faire, son
caractère méfiant, crédule à la calomnie, amena
pour lui les pires infortunes. Sur le bruit, probablement tout à fait mensonger, que ses plus
fidèles amis, ses plus dévoués partisans et
camarades du corps d'El-Barkia (1) s'expri-
maient sur son compte en termes violents, que
quelques-uns même auraient été jusqu'à conclure un accord secret avec Schawer pour
relever la puissance de ce dernier au Kaire, il
avait fait, sans avoir pu recueillir le moindre
indice positif de leur culpabilité, attirer de nuit
dans les cours du Palais, puis massacrer à coups
de sabre, environ soixante-dix émirs avec leurs
nombreux serviteurs. Cet horrible forfait qui,
d'un seul coup, anéantissait en Égypte tous les
personnages de quelque importance, créa
immédiatement à Dhirgâm les plus violentes et
les plus nombreuses animosités. Les guerriers
francs eussent certainement grandement pro-

(1) Voy. p. 36.

fité pour s'emparer de l'Égypte de cette disparition subite de tous les hommes capables de leur opposer de la résistance. Pour une fois, l'inondation du Nil avait sauvé la terre des Fatemides, peut-être sauvé l'Islam.

Ce fut à la suite de ces diverses circonstances que Nour ed-Din se décida à intervenir enfin personnellement dans les affaires de l'Égypte en soutenant Schawer. Il reprit, je l'ai dit, avec une violence extrême la guerre sainte depuis si longtemps languissante contre les Francs, dans le double but d'anéantir ceux-ci et de porter secours à Schawer par cette puissante diversion. En même temps, il se disposa, durant qu'il attaquerait en personne le royaume chrétien, à envoyer son émir Asad ed-Din Schirkoûh avec une forte armée de Turks restaurer en Égypte son hôte exilé.

On conçoit quel dut être à ces nouvelles l'émoi de Dhirgâm. Un unique allié lui demeurait possible et celui-ci tout naturellement avait, de son côté, un intérêt capital à s'unir à lui contre leurs communs ennemis. Cet allié était le roi Amaury qui, précisément, à peine de retour de sa campagne infructueuse jusqu'à Belbéis, venait de faire fièrement réclamer à Dhirgâm par ses envoyés le tribut annuel jadis promis au roi Baudouin par le gouvernement égyptien.

Dhirgâm donc, au lieu de répondre par un refus à ce message du roi latin, lui expédia de suppliantes ambassades pour le conjurer de revenir en Égypte avec ses troupes, non plus en ennemi cette fois comme l'an précédent, mais en allié et en défenseur. Pour le décider à cette nouvelle campagne succédant de si près à la précédente, il lui faisait les plus brillantes promesses. Il s'engageait sous les plus solennels serments à lui payer un tribut annuel encore plus élevé que celui qui jadis avait été promis au feu roi Baudouin. L'Égypte, jurait-il, deviendrait à jamais la vassale du royaume de Jérusalem. Il y aurait entre les deux puissances alliance inébranlable, éternelle. De nombreux et importants otages serviraient de garantie à la loyauté de ces promesses. — Le bouillant roi Amaury, tout entier à son rêve favori de conquérir ce merveilleux pays de Misr, était violemment tenté d'accepter cette alliance, malgré ce qu'elle représentait d'impiété abominable pour l'esprit de dévotion si étroite qui régnait en maître à cette époque. Il négociait encore lorsque la chute foudroyante de Dhirgâm vint tout à coup ruiner ces brillantes perspectives politiques.

Schirkoûh, que Guillaume de Tyr et les autres chroniqueurs francs désignent sous son nom bizarrement francisé de « Syracons » et qu'ils qualifient de « connétable » de Nour ed-Dîn, durant que son maître, à la tête d'une partie de ses contingents, opérait un important mouvement sur la frontière orientale du royaume latin pour tenter par cette diversion de retenir le roi Amaury, avait, à la tête d'une forte armée de « Guzz », c'est-à-dire de « Turks » ou « Turkomans » et en compagnie du fugitif Schawer, traversé rapidement l'isthme sinaïtique et franchi sans rencontrer la moindre résistance la fron-

tière égyptienne (1). C'était peu de jours après
la fin du carême de l'an 1164 (2). Cette subite
invasion, si imprévue, avait répandu une terrible consternation par toute l'Égypte. Déjà le
24 avril, la panique folle qui faisait le vide
devant la grande armée de Syrie avait mis en
fuite à son approche toute la population du
Kaire. Deux jours après, le frère de Dhirgâm,
Nasr-el-Mouslimîn, celui-là même qui, l'an
d'avant, s'était fait battre par Amaury, attaqua
les envahisseurs dans la campagne de Belbéis
où il avait réussi à les rejoindre. Comme presque
chaque fois lors d'une invasion venant de l'est,
le sort de l'Égypte se décida en ce lieu en un
seul jour. Schirkoûh et Schawer furent complètement victorieux. Il s'ensuivit la défection
immédiate de la majeure partie des forces égyptiennes qui acclamèrent sur le champ de ba-

(1) Suivant une lettre du patriarche Amaury à Louis VII,
écrite vers la fin du mois d'août (Voy. MARTÈNE et DURAND,
Ampl. Coll., t. I, pp. 869-870, aussi BOUQUET, t. XVI, pp. 61-62,
n° 196), Dhirgâm n'aurait appelé Amaury à son secours qu'aussitôt après l'invasion de Schirkoûh.

(2) RÖHRICHT, *op. cit.*, p. 314, note 5.

taille leur ancien vizir. Beaucoup d'autres parmi les guerriers de Dhirghâm furent faits prisonniers. Le 1er mai déjà l'armée de Syrie campait sous les murs du Kaire près des jardins d'el-Tâg'. Dhirgâm, à la tête des deux corps de milice dits de Reihâmia et de Gujûschia, tenta une sortie désespérée qui fut vivement repoussée. Quant à Schawer, qui voyait chaque jour se grouper autour de lui un plus grand nombre d'adhérents, poussant toujours plus loin ses avant-postes au delà d'el-Maks, il finit par entrer dans Fostat, où il demeura quelques jours.

Le siège du Kaire se prolongea presque tout le mois de mai. Enfin, dans une nouvelle sortie, Dhirgâm, qui avait réussi à accroître si possible encore contre lui l'animadversion générale en se saisissant des sommes déposées sous la garde de la loi aux noms des orphelins et qui voyait les défections se multiplier autour de sa personne, fut, à la porte de Zoueïla, subitement abandonné par divers corps de troupes. A ce même moment, les deux chefs ennemis, poussant leurs guerriers jusqu'aux deux portes de Saadah et du Pont, faisaient au fur et à mesure incendier toutes les maisons rencontrées sur leur route, même le château de plaisance de Lulu. Ils voulaient augmenter ainsi la confusion générale. Ce fut le signal de la débâcle. Le Khalife fit donner ordre aux archers de ne plus tirer. Les derniers habitants du Kaire, partisans de la résistance, devant ces progrès incessants de l'armée de Syrie, perdaient tout courage. Ils s'efforçaient à l'envi de s'évader secrètement de la grande ville par groupes affolés.

Tous ces chefs sarrasins étaient de magnifiques guerriers. Guillaume de Tyr fait un curieux portrait du général de Nour ed-Dîn qu'il nomme, je l'ai dit, Syracons : « Noradin, dit-il, bailla à Savar (Schawer) son connestable por cheveteinne qui mout estoit preuz chevaliers et esprouvez en meintes besongnes, deireanz d'aquerre lox et pris, larges estoit seur toz homes, amez de chevaliers plus que hom qui lors vesquist, Syracons avoit non. Yà estoit tous vielz, petiz de cors et mout gras; cil fut nez de basses genz qui estoient homes de cors, mès par son sens et par sa proéce monta tant qu'il fu haut princes de Turquie. En l'un des eulz avoit une maille. Soif et fein, froit et chaut soufroit plus que nus autres chevaliers. »

Donc ce vieil et tant obèse Schirkoûh et son acolyte Schawer, empressé à venger cruellement son expulsion, pressèrent si vivement par les tumultueuses rues du Kaire Dhirgâm en déroute que bientôt le malheureux vizir se vit à peu près seul. Successivement, en plein combat, tous ses soldats passaient à l'ennemi. Une dernière fois, il fit sur la muraille sonner l'appel et battre les tambours. Mais personne n'apparut. Avec les derniers cinq cents hommes qui lui restaient, il galopa jusque devant la Porte Dorée du Palais, faisant supplier le Khalife au nom de ses pères de vouloir bien paraître au balcon. Personne encore ici ne répondit. L'infortuné demeura là jusqu'au soir, voyant sans cesse décroître sa petite troupe. Bientôt il ne lui resta plus que trente hommes. Alors quelqu'un lui passa un papier sur lequel étaient

écrits ces mots : « Songe à ta vie, sauve-toi! »
A ce moment précis les trompettes et les tambours résonnèrent plus vivement du côté de la
porte du Pont et Schirkoûh vainqueur apparut
en tête de son armée. Dhirgâm s'enfuit ventre
à terre vers la porte de Zoueïla, appelant les
gens à l'aide, serré de près par quelques cavaliers ennemis. On répondit à ses cris de détresse par des huées. On arrêtait de force ceux
qui persistaient à l'accompagner. Un groupe
hostile fit peur à son cheval, qui le jeta à terre
près du Grand Pont « entre Cahira et Fostat »
près de la chapelle de saint Nafîsa. Aussitôt on
lui coupa la tête avant même qu'il pût se relever. Son cadavre, livré aux chiens deux jours
durant, fut par la suite enterré au mont Karâfa.
Ses trois frères furent également massacrés.
Un fut tué à ses côtés. Les deux autres ne
purent être rejoints qu'à Mataria. Il avait exercé
neuf mois les fonctions de vizir, un des meilleurs et des plus courageux qu'ait vus l'Égypte.
« Il était incomparable au jeu de boules et à
celui des flèches. Il écrivait aussi bien qu'Ibn

Mucla et rimait admirablement de doubles rimes. »

C'était le 24 mai 1164. Toute opposition aux vainqueurs cessa comme par enchantement. Toute lutte s'éteignit. Le victorieux Schawer, éperdu de joie, fit incontinent son entrée triomphale dans cette vieille capitale reconquise qui avait vu déjà tant de bouleversements sanglants, tant de vizirs conduits en triomphe au Palais, puis bientôt après menés ignominieusement au supplice. Le lendemain, il fut proclamé vizir à nouveau par le petit Khalife, faible enfant, docile instrument aux mains de tous ces violents. Son allié Schirkoûh demeura campé devant la ville à la tête de toutes les forces orientales (1).

Le nouveau vizir fit incontinent massacrer

(1) GUILLAUME DE TYR (*op. cit.*, p. 893), fait un récit assez différent. Dhirgâm, qu'il nomme « Dargam », aurait commencé par surprendre et battre cruellement ses deux adversaires « qui par orgueill et par bobauz ne deingnoient mener leur genz en couroi ». Puis il avait battu en retraite, suivi par l'ennemi qui lui offrit de nouveau la bataille. A ce moment, « il avint, quant Dargam chevaucha par l'ost, que ne sais li quieas de sa gent trest une saiëte (flèche) et le feri parmi le cors : il fu mort tantost, mès l'en ne sot onques qui l'occist. Lors fu Savar touz sires, qu'il ne trova qui contenz li feist de fere sa volenté. »

tous ceux que l'on put saisir parmi les parents et les partisans de Dhirgâm.

Schawer n'eut pas plutôt reconquis le pouvoir qu'il modifia subitement du tout au tout son attitude vis-à-vis de Schirkoûh. Plus un moment il ne fut question pour l'astucieux vizir de tenir les promesses si nombreuses qu'il avait jadis faites dans Damas sous la foi des serments les plus solennels à Nour ed-Dîn et à son lieutenant. Ce dernier fut brutalement avisé qu'il eût à vider les lieux sur l'heure et à retourner en Syrie avec ses troupes, leur présence en Égypte n'ayant plus de raison d'être.

Schirkoûh tenta un moment de ramener le fourbe Schawer au respect des conventions; puis, voyant ses efforts inutiles, indigné, il commanda à son jeune lieutenant Salah ed-Dîn, qui n'était autre que le futur sultan Saladin, d'occuper de force la ville de Belbéis, ainsi que la vaste province d'Esch-Charqîyeh et d'y lever des contributions en argent et en nature au nom de Nour ed-Dîn. Les choses se gâtèrent très rapidement, les Syriens ne voulant pas s'en aller et Schawer voulant les contraindre à partir. On en vint presque de suite, dans le Kaire même, à de sanglants combats de rues entre les troupes des deux partis, combats à la suite desquels certains quartiers de la ville, situés en dehors du canal, furent complètement incendiés. Une grande partie de la rue de Zoueïla devint ainsi la proie des flammes. La panique était affreuse. Cette guerre de rue à rue, en s'éternisant, menaçait d'amener la ruine totale de cette grande cité.

Dans cette situation devenue subitement tragique, Schawer, comprenant trop tard qu'avec ses milices mal armées il ne viendrait jamais à bout de l'armée syrienne, vit clairement, comme l'infortuné Dhirgâm l'avait fait avant lui, qu'il ne lui restait plus qu'un moyen de salut. Il envoya en toute hâte à travers le désert supplier le roi Amaury de reprendre avec lui les négociations interrompues par la mort de son adversaire vaincu, surtout de voler aussitôt à son secours. Pour hâter la décision du roi latin, il lui faisait remarquer, ce qu'Amaury avait d'ailleurs déjà par lui-même bien compris, que c'en serait fait du petit royaume franc de Terre Sainte si jamais Schirkoûh s'emparait de l'Égypte et y installait définitivement l'autorité de Nour ed-Dîn. Serré et comme étranglé entre la portion syrienne et la portion égyptienne de l'immense empire de l'Atâbek, le pauvre petit royaume ne tarderait pas à être annihilé. Schawer offrait au roi pour l'appui immédiat de sa vaillante épée des conditions qui dépassaient de beaucoup encore celles cependant si tentantes qu'avait déjà formulées Dhirgâm. Il offrait mille pièces d'or, mille dinârs, pour chaque jour de campagne, au dire du chroniqueur arabe Ibn Abou Taï (1), mille pièces d'or par lance, affirme, certainement avec une immense exagération, l'*Historia regni hierosolymitani* (2), en plus l'entretien des bêtes de somme, celui aussi des chevaliers de l'Hôpital

(1) REINAUD, *Extr. des hist. arabes relatifs aux guerres des Croisades*, p. 116, note 1. ERNOUL, *op. cit.*, p. 24.

(2) *Mon. Germ. SS*, XVIII, 51. — Suivant Robert de Torigny, Schawer promit de doubler le tribut annuel (30,000 pièces d'or).

qui formaient le nerf des armées du royaume à cette époque, « toute la viande de sa tiere abandonnée ». On ne saurait assez s'étonner de la facilité avec laquelle tous ces émirs musulmans et ces souverains chrétiens n'hésitaient pas à contracter les uns avec les autres les alliances les plus impies dès que leurs intérêts particuliers étaient en jeu.

CHAPITRE II

Les Francs de Terre Sainte, racontent avec une quasi-unanimité les chroniqueurs orientaux, accueillirent avec un joyeux empressement ces offres nouvelles si séduisantes, si inattendues que leur faisait Schawer. Le roi Amaury s'empressa de promettre à celui-ci le secours immédiat qu'il lui demandait. Il eut vite fait de se concerter à nouveau avec ses barons. Naturellement, il se flattait en fin de compte de garder pour lui l'Égypte. Schawer, qui, de son côté, comptait bien réussir à se débarrasser de lui lorsque son secours ne lui serait plus utile, lui fit parvenir des subsides considérables pour la mise en état du corps expéditionnaire.

Une fois de plus, après tant d'autres, une immense agitation guerrière ébranla d'une extrémité à l'autre le petit royaume latin. De tous les points du territoire les contingents francs se hâtaient fiévreusement au rendez-vous qui avait été fixé à Ascalon, la grande forteresse du sud sur la côte phénicienne si récemment arrachée au pouvoir du soudan d'Égypte, il y avait onze ans à peine !

De ce lieu qui constituait une position avancée d'une importante capitale pour les Francs de Terre Sainte, au cas d'une invasion projetée de l'Égypte, le jeune roi Amaury, celui que les chroniqueurs arabes contemporains appellent presque constamment « Morri, le roi de Syrie », partit tout joyeux pour l'Égypte avec ses troupes. Il croyait bien marcher cette fois à la conquête certaine de cette vallée du Nil, objet de ses plus constants désirs. Jamais demande de secours ne semblait être arrivée plus à propos.

L'anarchie était telle en Égypte sous le misérable gouvernement du Khalife enfant, les vizirs s'y succédaient depuis des années avec une telle rapidité que ce beau fruit mûr semblait prêt à tomber presque sans lutte aux mains des guerriers francs.

Il s'agissait pourtant d'une opération de guerre infiniment sérieuse. Amaury entraînait à sa suite une admirable petite armée, élite des forces franques en Terre Sainte. Malheureusement nous n'avons aucun renseignement qui nous permette d'en établir le chiffre même approximatif.

Le roi, avant son départ, confia la baillie du royaume au vaillant Bohémond III d'Antioche. Il laissait à ce prince des forces considérables qui venaient précisément d'être très notablement accrues par l'arrivée aux ports de Terre Sainte de très nombreux groupes de nouveaux pèlerins d'Occident désireux de se mesurer au plus tôt contre les Infidèles. Les uns, parmi ceux-ci, accompagnèrent le roi en Égypte, les autres demeurèrent pour la défense du royaume.

Il s'agissait surtout pour le prince d'Antioche de protéger efficacement la frontière orientale contre l'attaque imminente de Nour ed-Dîn. L'Atâbek, qui semblait avoir à ce moment retrouvé toute l'énergie de ses jeunes années, avait naturellement le plus grand intérêt à seconder par cette puissante diversion les opérations de son lieutenant Schirkoûh en Égypte.

Après que toutes ces précautions eurent été prises, l'armée royale (1) s'ébranla enfin. Au sortir des portes d'Ascalon, elle prit la route directe du Kaire, le long de la mer, *communi consilio Christianitatis,* dit une lettre d'un Templier au roi Louis VII de France, écrite dans les derniers jours du mois d'août (2).

La traversée par une armée de l'isthme sinaïtique qui unit l'Afrique à l'Asie constituait, au moyen âge comme dans l'antiquité, une opération infiniment hardie, difficile et compliquée. Ces milliers d'hommes, ces immenses convois

______

(1) « Le meilleur de l'armée du roi ». — GUILL. DE TYR (*op. cit.,* p. 894) dit « toute son armée ».

(2) RÖHRICHT, *Regesta,* n° 406.

de bêtes de somme, de chameaux surtout, portant les bagages innombrables, devaient de la frontière de Syrie à celle d'Égypte traverser d'immenses étendues désertes, des sables arides sans limites, sous un soleil torride, avec seulement sur la route quelques puits constamment insuffisants. Bien malheureusement, nous ne possédons presque aucune donnée contemporaine concernant une quelconque de ces grandes opérations militaires qu'il serait si intéressant de pouvoir étudier en détail. Pour l'époque antique, nous avons quelques bien brèves indications pour deux ou trois de ces grands passages, ceux des armées des grands Pharaons de la dix-huitième dynastie, celui des troupes de Cambyse plus de cinq siècles avant l'ère chrétienne. Nous savons positivement que pour cette dernière expédition, les puits ayant été jugés insuffisants, des marchés avaient été conclus avec les sheiks des tribus arabes sauvages habitant l'isthme. Pour le moyen âge, par contre, nous ne savons rien absolument et pourtant cette route, surtout à l'époque des Croisades, fut incessamment suivie ou bien par les expéditions franques allant en Égypte, ou bien infiniment plus souvent par les armées sarrasines passant d'Égypte en Syrie pour aller attaquer les Francs en Terre Sainte ou ravitailler la garnison d'Ascalon. Cette route, piste à peine tracée, suivait constamment le rivage de la mer comme elle le suit encore de nos jours. Actuellement elle porte le nom officiel de route du Kaire à Gaza par le Petit Désert. Elle est naturellement presque abandonnée depuis que la navigation à vapeur et le chemin de fer permettent de se rendre du Kaire à Jaffa en moins de deux jours. Elle n'offre du reste guère d'intérêt, sauf peut-être les ruines peu importantes d'El Arish. On ne peut la parcourir qu'à dos de chameau. Elle traverse de mornes étendues sablonneuses absolument désertes. Le voyageur haletant n'aperçoit que les sables qui poudroient et la mer qui scintille sous un soleil de feu. De temps en temps des puits assurent le repos des caravanes qui de Gaza au Kaire ont quatre-vingt-deux heures de route, qu'e accomplissent en dix ou onze jours environ. D'El Arish, dernière station syrienne jusqu'à Péluse, première station d'Égypte, il y a trente-cinq heures de route à chameau qui doivent se faire en quatre ou cinq jours. Ce devait être à peu près là le temps que mettaient les armées franques à traverser ces espaces dangereux. Certainement les quelques puits rencontrés sur la route étaient tout à fait insuffisants pour de telles masses de guerriers, de non-combattants, de bêtes de somme surtout. D'énormes provisions d'eau devaient être transportées à dos de chameau.

Depuis la prise par les Francs en 1153 d'Ascalon, la grande forteresse avancée des Égyptiens sur la côte de Syrie, fait d'armes qui fut un des plus grands et des plus utiles succès de la Croisade, c'était d'ordinaire dans cette ville que se concentraient et de cette ville que partaient les expéditions franques allant en Égypte. Ce devait être un prodigieux, étrange et animé spectacle qu'un de ces grands départs. Le patriarche avec la Vraie Croix, tout le haut clergé du royaume accompagnaient l'armée jusqu'à quelque distance. Les longues files de cavaliers enchemisés de fer, casqués du heaume sous l'éclatante kouffieh, les troupes de gens de pied de toutes races, sous leurs pittoresques accou-trements si divers, les interminables convois de chameaux poudreux chargés de bagages, les mugissants troupeaux qui devaient servir à nourrir tout ce peuple, formaient sur l'immense étendue sablonneuse du rivage d'infinis rubans mouvants. Le soleil brûlant, les énormes nuages de poussière, soulevés par tant de milliers d'êtres vivants, ajoutaient encore à l'étrangeté de ce spectacle extraordinaire. Les chants pieux, les litanies traînantes, les voix claires et hautes des prêtres et des moines, les chansons grossières, les injures des soldats proférées dans tous les dialectes de l'Occident et de l'Orient, les rires éclatants des conducteurs, les cris des chameliers, ceux de tant d'animaux divers s'élevaient vers le ciel en un infernal et incessant tumulte.

D'Ascalon, l'armée atteignait d'abord en

quatre heures Gaza, la dernière position importante des Francs dans la direction de l'Égypte.
C'était une ville fameuse, une des plus anciennes
du monde, déjà mentionnée dans la Genèse
avant l'époque d'Abraham (1). Des siècles
durant, elle était demeurée aux mains des
Égyptiens qui en avaient fait leur base d'opérations contre les Syriens. C'était pour les antiques Pharaons la clef de l'Asie. Elle était
devenue ensuite une des cinq villes premières
des Philistins et le centre principal de cette race
gigantesque des Anakins que Josué ne parvint
pas à détruire. Elle fut le témoin des exploits et
de la mort de Samson. Elle appartint ensuite à
Salomon. Puis elle eut des rois nationaux tri-
butaires des Assyriens. Elle tomba ensuite
aux mains des Égyptiens. Elle soutint contre
Alexandre le Grand, qui y fut grièvement blessé,
un siège meurtrier de quatre mois. Elle devint
au second siècle avant l'ère chrétienne la résidence de Simon Machabée. Détruite et sac-

(1) J'ai emprunté la plupart des renseignements historiques
qui suivent à l'excellent *Guide Joanne* pour l'Orient.

cagée par Alexandre Janée, enlevée aux Juifs par Pompée, donnée par Auguste à Hérode, elle fut à la mort de ce dernier réunie à la Syrie romaine. De bonne heure, elle devint le siège d'un évêché chrétien. Au sixième siècle, elle fut florissante, « ville splendide et délicieuse », dit Antonin le Martyr qui la visita à cette époque. En l'an 634 elle fut prise par les Arabes auxquels elle ne fut plus enlevée que par les Croisés. Baudouin III, le prédécesseur d'Amaury, y avait élevé avec des matériaux antiques une forteresse dont il confia la garde à l'Ordre du Temple. Sous la protection de ce puissant château, la vieille ville arabe ruinée de jadis se transforma rapidement en une bourgade franque dont les chroniqueurs occidentaux déformèrent le nom en celui de Gadres.

Gaza, qui fut occupée en 1799 par Bonaparte au début de l'expédition de Syrie, est maintenant une ville d'environ quinze mille habitants dont six ou sept cents chrétiens, presque tous grecs. Elle semble une réunion de villages groupés autour de la ville dans une oasis charmante. Au sud-est, au nord surtout, s'étendent de fertiles vergers, de magniques bois d'oliviers qui lui font une verdoyante ceinture. On y aperçoit une foule de débris antiques, de ruines médiévales. La partie septentrionale de la ville haute est occupée par un sérail délabré et par une grande mosquée, ancienne église franque du douzième siècle, peut-être édifiée sur l'emplacement de l'église plus ancienne construite par Arcadius et Eudoxie sur les ruines du Marnion, temple célèbre du dieu Marnas. Gaza n'a plus ni enceinte ni portes. Ses habitants, moitié maraudeurs, moitié recéleurs, sont ménagés par les Bédouins, qui y ont intérêt. Elle doit à sa situation sur la route des caravanes d'Égypte une certaine prospérité. Ses bazars sont bien approvisionnés. Les sables ont envahi l'ancien port dit Maioumas, puis Constantia sous Constantin, et la ville se trouve actuellement à une certaine distance de la mer dont la séparent des dunes stériles remplies d'innombrables fragments de poterie, révélateurs certains de l'existence d'une grande cité antique.

On conçoit de quelle importance était la possession de Gaza pour les Francs à l'époque des Croisades. C'était leur sentinelle la plus avancée du côté de l'Égypte, le point d'appui de toutes leurs expéditions dans cette direction. Aussi l'Ordre du Temple y entretenait une nombreuse garnison tenue perpétuellement en alerte par les incursions des contingents égyptiens ou des tribus arabes errantes et pillardes.

De Gaza, par la contrée déserte du Daroma, l'armée, en deux ou trois heures, toujours suivant le rivage aride et brûlant, atteignait la petite forteresse de Daron ou Daroun, dernier poste militaire des Francs sur la route du pays de Misr, à l'extrême frontière du saint royaume. On identifie aujourd'hui avec une quasi-certitude cette localité avec Deir el-Bilah (le couvent de la datte), village entouré de jardins bien fournis d'eau. C'est précisément notre roi Amaury, au dire de Guillaume de Tyr, qui construisit cette forteresse avec les matériaux d'édifices antiques qui subsistaient à l'état de débris. Daron, pris plus tard par Saladin, fut reconquis dans la suite et démoli par Richard Cœur de Lion. Il n'en demeure aucun vestige. Le village à demi ruiné, situé sur une petite éminence, compte environ trois cents habitants. Ce devait être une vie morne et affreuse que celle des malheureux soldats francs auxquels était confiée la garde de ce point extrême de la frontière perdu dans cette immensité sablonneuse sans un brin d'herbe. Ils n'avaient du reste pas un jour de repos. Sans cesse en éveil pour épier la venue des maraudeurs fils de Mahom, ils semblaient les gardiens de quelque phare fantastique émergeant d'un océan de sables.

A partir de Daron commençait véritablement la traversée du désert, l'infinie, morne, monotone et brûlante course dans les sables enflammés le long d'une interminable chaîne de dunes basses, parallèles au rivage, dont elles sont éloignées de trois ou quatre kilomètres environ, la route de la soif, de la chaleur suffocante, de l'aveuglante poussière. En quittant Daron on traversait d'abord le petit ouadi Salga, puis le khân Younès, aujourd'hui entouré de jardins, peut-être l'Iénissos d'Hérodote, khan ou château ayant donné son nom au village très dégradé. La route était semée de ruines informes. On dépassait ensuite le puits de Bir Refah où quelques débris de maçonnerie enfouis dans les sables près de la mer indiquaient seuls l'emplacement de l'antique Raphia mentionnée dans les guerres des Assyriens, des Ptolémées, des Séleucides aussi, même encore dans la marche fameuse de Titus sur Jérusalem. Puis venait le petit ouady Cheïk Zouïedd entouré de quelques palmiers, puis le fort ruiné de Khirbet el-Bordj. Après cela on franchissait l'ouadi el Arish, très probablement l'ancien Chihor ou Nahal Mitzraïm, le « torrent d'Égypte » de la Bible, qui forme la frontière naturelle entre la Palestine et l'Égypte. Son lit très large, à sec en été, devient, au printemps, un torrent impétueux aux flots jaunâtres.

On atteignait immédiatement après El Arish, cette oasis dont le nom revient si souvent dans l'histoire des luttes entre Francs de Syrie et Sarrasins d'Égypte à cette époque.

C'était l'antique Rhinocoloura, lieu de déportation sous les Pharaons, bien choisi dans cette contrée stérile d'une tristesse infinie. Son nom ancien lui était venu, disait la légende, de son fondateur, Actisanès, roi d'Éthiopie, qui faisait couper le nez aux criminels avant de les y exiler. Détruite et complètement inhabitée à l'époque des Croisades, elle servait de point de halte sur la route militaire d'Égypte. Les Francs l'appelaient par corruption « Laris ». Un grand souvenir y était demeuré dès le début de la Croisade. Baudouin Iᵉʳ, « ce second Judas Machabée », y était mort avec un pieux courage le 2 avril 1118 au retour d'une expédition contre l'aramia d'Égypte. Pris de fièvre sur la route, il s'était fait porter jusque-là en litière, mais il n'avait pu aller plus loin. Il y était mort dans les bras de l'évêque Roger de Ramleh. Ses entrailles, enlevées par son cuisinier Addo, furent enterrées près de la ville et son corps rapporté à Jérusalem pour y être enterré suivant son vœu auprès du tombeau de son frère le saint roi Godefroy de Bouillon. Aujourd'hui encore, souvenir poignant, un tas de pierres amoncelées sur un tertre porte le nom frappant de Hadjeret Berdaouïl, « la Pierre à Baudouin (1) ». Le pays alentour s'appelle Sabechat Bardewil, le désert salé de Baudouin ». Tucher, dans sa relation de voyage au quinzième siècle, parle de ce tombeau comme celui « d'un grand géant qui demeurait dans ce désert ». El Arish est bâtie sur une éminence à environ huit cents mètres de la mer. Le fort consiste actuellement en une vieille construction massive de forme rectangulaire avec tours et bastions... Le village est un amas informe de maisons misérables habitées par quatre cents âmes environ.

Après El Arish, le pénible voyage continuait le long de la côte par ces sables horribles. Toujours côtoyant la dune on passait à Straki et à Katiyèh, peut-être l'Ostracina de Pline et de

(1) Plus tard El Arish reprit une certaine importance. A la fin du dernier siècle, Kléber s'empara du village et défit l'armée d'Ibrahim Bey sur les bords de l'ouadi el Arish. Le fort se rendit bientôt et reçut une garnison française qui, peu après, fut presque entièrement massacrée par les Turcs. Le 24 janvier 1800 fut signée la triste convention d'El Arish par laquelle les Français s'engageaient à évacuer l'Égypte.

Ptolémée et l'antique Pentaschœnon. Toujours on allait devant soi. Franchissant enfin, après d'interminables heures de route, la frontière d'Égypte, on rencontrait la première cité de cette contrée fameuse, la Faramia ou Farama des Croisés, l'antique et célèbre Péluse (1), alors déjà terriblement déchûe de sa grandeur passée. Les ruines actuelles sont situées non loin de la mer.

La ville de Péluse fut jadis considérable. Le prophète Ézéchiel la qualifie de « force de l'Égypte ». Son nom égyptien, conservé par les Coptes, était Phérômi, d'où le nom médiéval de Farama, et dérivait des marais dont cette place a toujours été environnée (2). Le nom de Sin qu'elle prend dans l'Écriture, celui de Pelousion n'en sont que la traduction hébraïque et grecque. C'est près de Péluse que Pompée, le vaincu de Pharsale, fut lâchement assassiné, en l'an 48 avant Jésus-Christ, au moment même

(1) Voy. le chapitre consacré à Belbéis par Et. QUATREMÈRE dans le t. II de ses *Mém. géogr. et histor. sur l'Égypte*, pp. 52-99. Cet auteur n'admet pas l'identité de Belbéis et de Péluse.

(2) Πηλός, boue.

où il débarquait. La ville, aujourd'hui entièrement ruinée, noyée dans une immense étendue
de boue, était bien plus importante au moyen
âge. La plage qui s'étend à l'ouest jusqu'au lac
Menzaleh n'est que limon. Le Nil la recouvre
durant l'inondation et la mer l'envahit dans les
grandes tempêtes. C'est ce qu'on appelle la
plaine de Péluse. La mer y est si basse, la pente
du rivage si douce qu'il faut s'avancer jusqu'à
une vingtaine de kilomètres pour trouver un
fond de seize mètres. Quelques débris antiques,
quelques colonnes brisées, les fondations d'un
fort sur un monticule marquent seuls aujour-
d'hui l'emplacement de cette illustre cité dis-
parue. A trois mille mètres environ au nord-
est débouchait sur le rivage la branche pélusiaque du Nil qui, aujourd'hui entièrement
comblée, existait encore aux temps des Croisades.

De Faramia ou Farama, les rudes soldats
d'Amaury, passant à Tell el-Her, qu'on identifie avec la Magdal de la Bible, franchissant
probablement à Quantara, non loin des buttes

de Tell Defnèh (1), le point où passe aujour-
d'hui le canal de Suez, remontant, peut-être
en barques, la branche pélusiaque, touchant à
cette occasion la localité de Salahiyéh, se dirigèrent droit sur la grande cité du Kaire. Avant
toutefois de pouvoir s'attaquer à la capitale
immense et fameuse dont la possession leur
vaudrait aussitôt celle de la vallée du Nil tout
entière, il leur fallait à tout prix, sur cette
branche pélusiaque du grand fleuve, s'emparer
cette fois encore de cette ville de Belbéis
dont j'ai parlé déjà, clef de la route du Kaire,
clef en un mot de l'Égypte de ce côté. Cette
ville, tant de fois mentionnée par les chroniqueurs, était le grand, le constant, mais aussi
l'unique obstacle pour toute armée d'invasion
arrivant par l'isthme et marchant sur la capitale
de l'Égypte. Belbéis tombée, la route était
entièrement libre jusqu'au Kaire. Aussi les
Khalifes avaient-ils de tout temps puissamment fortifié cette place avancée, constamment

(1) Qui marquent le site de Daphné, la Telaphneches ou
Tahpanhès de la Bible. :

occupée par une garnison nombreuse. Surtout un système d'inondations habilement disposé la préservait efficacement. Cette fois, je l'ai dit, Schirkoûh l'avait fait occuper dès le début des opérations par son jeune et déjà presque fameux lieutenant Saladin, celui-là même qui devait être un jour « le marteau et la terreur des Francs ». Belbéis est actuellement une station de chemin de fer à soixante-trois kilomètres du Kaire. Le canal d'eau douce qui va du Kaire à Ismaïlia et Suez passe tout auprès.

A la première nouvelle de la marche en avant du roi Amaury, l'émir Schirkoûh, laissant Schawer en libre possession du Kaire, s'était hâté de rejoindre Saladin avec toute son armée. Tous deux s'étaient fortement retranchés dans Belbéis. De son côté le traître Schawer, également avec tout son monde, avait, à marches forcées, couru retrouver sous ces mêmes remparts ceux qu'il espérait devoir être ses libérateurs, et le monde oriental stupéfait avait vu avec un indicible étonnement cette chose alors prodigieuse autant qu'impie : une armée chrétienne s'apprêtant à assiéger de concert avec une armée sarrasine une ville sur les murs de laquelle flottaient les étendards de l'Islam.

J'ai dit déjà que nous ne possédions, hélas! aucune indication sur les péripéties de ce second passage de l'isthme sinaïtique par l'armée d'Amaury envahissant l'Égypte. Guillaume de Tyr dit uniquement ceci : « El segond an de son roiaume le roi Amauri s'esmut por aler en Égypte. Savar (Schawer) li vint à l'encontre o toute la sene gent et s'en alerent tuit ensemble tot droit à la cité de Belbes que Syracons avoit ja prise et se demoroit comme en la sene ; ilec l'asistrent. »

Belbéis donc, en cette année 1164, vit cette immense concentration de forces chrétiennes et sarrasines : d'une part, derrière ses remparts, l'armée turque d'invasion de l'Atâbek Nour ed-Dîn, sous le commandement de Schirkoûh, assisté de Saladin et des contingents égyptiens demeurés fidèles, d'autre part, assiégeant ces mêmes remparts, les armées combinées franque et égyptienne du roi Amaury et de

l'émir Schawer. Nous n'avons aucun renseignement sur la force de l'armée syrienne si
injurieusement congédiée par Schawer, maintenant qu'il n'avait plus besoin d'elle pour recon-
quérir l'Égypte. Seulement une lettre de Ber-
tramn dit que les défenseurs de Belbéis étaient
au nombre de trente mille. Jamais peut-être
plus qu'ici nous n'avons à déplorer l'absence
presque complète de documents. Combien il
serait intéressant pour nous de pouvoir pénétrer en imagination dans cette grande ville
orientale entourée de ces sables sans limites et
de ces immenses forêts de palmiers, si étroitement bloquée, dans ces deux vastes camps
alliés aussi, si profondément, si étrangement
disparates, peuplés de ces deux races si diverses
des chevaliers francs et des émirs du désert. Il
eût été si curieux de pouvoir nous asseoir par
la pensée sous les tentes des émirs comme sous
celles des chevaliers, d'assister à leurs fiévreux
entretiens, à leurs tumultueux conciliabules
facilités par la présence de nombreux inter-
prètes, à leurs rudes banquets, à leurs réjouis-

sances brutales, à leurs haines secrètes aussi!

Donc, nous ne savons rien sur ce siège fameux en ces contrées alors si lointaines, sauf qu'il commença vers la fin du mois de juillet de l'an 1164 (1), peut-être le 1ᵉʳ août seulement (2), qu'Amaury y fut présent avec toutes ses forces et le maître du Temple, Bertrand de Blanca-fort (3), et que les opérations se prolongèrent trois mois durant, sept même au dire du chro-niqueur Michel le Syrien, mais que, malgré le très mauvais état des remparts, les Francs ne réussirent pas durant tout ce temps à prendre la ville, probablement à cause de la garnison trop nombreuse. Le siège néanmoins se pour-

(1) C'est du moins ce que dit la lettre de Gefroy Foucher (*Gaufridus Fulcherie*), précepteur du Temple, adressée vers la fin du mois d'août au roi Louis VII de France pour le mettre au courant des événements, surtout des désastres en Syrie, et pour réclamer son assistance immédiate. BONGARS, *Gesta Dei per Francos*, I, 1182-1183, n° 24. — RÖHRICHT, *Reg.*, n° 406.

(2) D'après une autre lettre du même au même, lettre un peu antérieure à la précédente et moins explicite. BONGARS, *op. cit.*, I, 1179, n° 15. — RÖHRICHT, *Reg.*, n° 403.

(3) D'après une lettre de lui au roi Louis VII. BONGARS, *op. cit.*, I, 1184, n° 27. (*Reg.*, n° 407). Cette lettre est de même destinée à annoncer au roi les malheurs de la Terre Sainte et à réclamer son secours.

suivait activement lorsque de très graves nouvelles arrivées de Syrie vinrent porter le trouble
dans le camp latin.

En l'an 1164, l'armée de Nour ed-Dîn, au
dire d'Ibn el Athîr, était redevenue aussi belle
que si elle n'eût jamais éprouvé de pertes, et
cela malgré le grand vide produit par les trente
mille hommes partis pour l'Égypte sous le commandement de Schirkoûh. L'Atâbek, après avoir
passé plusieurs mois à réparer sa défaite, s'était
à ce moment décidé à reprendre une fois de
plus l'offensive avec une extrême vigueur.
Il y avait été d'autant plus poussé qu'il savait
bien opérer de ce fait la plus efficace et la plus
puissante diversion en faveur de son lieutenant
Schirkoûh, maintenant que celui-ci allait être
attaqué par le roi Amaury sur les sollicitations
du perfide Schawer.

L'Atâbek inaugura la campagne en faisant
filer ses troupes dans la direction du nord.
Avant tout il voulait essayer de reprendre enfin
au nouveau prince d'Antioche cette puissante
forteresse de Hârim, construite à quelque dis-

tance à l'est de cette capitale, but constant de
ses efforts. C'était une entreprise difficile dans
laquelle nous avons vu que Nour ed-Dîn avait
échoué deux fois déjà. Les circonstances étaient
cette fois pour lui éminemment favorables. Dès
qu'il avait été informé du prochain départ de
l'expédition franque, il avait, pour tenter de
retenir celle-ci, détaché sur la frontière du
royaume chrétien de nombreux contingents,
mais cette frontière s'était trouvée si bien
gardée que les troupes infidèles n'avaient pu
empêcher le départ du roi. Alors, subitement,
après avoir convoqué le ban et l'arrière-ban de
ses forces et adressé un appel suprême à tout
l'Islam, l'Atâbek avait reparu sous les murs de
Harîm avec une puissante armée augmentée
des contingents des princes de Mossoul, de
Schaizar ou Dschesira, de Maredin et de Hisn-
Kaifâ. Ce Hârim, le Harrem des Croisés,
aujourd'hui encore nommé Qala 'at Hârim,
entre Antioche et Alep, à peu de distance du
fleuve Oronte, était un château colossal d'une
force extraordinaire, un des grands fiefs de la

principauté d'Antioche, entouré d'une verte oasis. C'était une ancienne place forte arabe, réédifiée par les Croisés. Les ruines du château bien établi sur un tertre, isolé de la colline par un fossé profond, subsistent encore actuellement. Toute l'immense armée de l'Atâbek apparut soudain autour de la gigantesque place de guerre qui semblait quelque haut rocher perdu au milieu de cet océan de guerriers.

A cette grave nouvelle, le vaillant prince Bohémond III d'Antioche, le comte Raymond le Jeune de Tripoli, Constantin Kalaman Dukas, gouverneur byzantin de Cilicie, parent du basileus Manuel Comnène et « le plus enragé ennemi des Musulmans », ainsi que l'appelle Kémal ed-Din, les deux frères Thoros et Mleh, chefs souverains des Arméniens de Petite Arménie étaient accourus au secours de la forteresse chrétienne à la tête de tous leurs contingents. C'était une superbe armée; plus de trente mille combattants au dire d'Abou Chamah, treize mille seulement, dont six cents chevaliers, au dire d'Aboulfaradj. La mise en route eut lieu le

10 août (1). Après diverses marches et contre-marches, la bataille s'engagea dès le lendemain, onze août, à Hârim même, sur un terrain étroit et marécageux. Durant que les chevaliers, par un effort suprême, culbutaient l'aile droite ennemie, qu'ils poursuivaient au loin, les gens de pied de l'armée chrétienne, que cette charge avait découverts, furent attaqués de flanc et hachés par les contingents de Zain ed-Dîn, le prince de Mossoul. Alors les chevaliers, de retour de leur poursuite, furent à leur tour assaillis de front par ces mêmes contingents, appuyés par le reste des gens de pied sarrasins, et sur leurs derrières par l'aile droite musulmane qui avait réussi à se reformer. Fakhr ed-Dîn Karâ Arslân, l'Ortokide, prince de Hisn-Kaifâ, le protecteur, et à partir de ce moment l'ami d'Ousâma, commandait cette aile (2). Les

(1) Lettre du patriarche Amaury au roi Louis VII pour implorer son assistance. *Reg.*, n° 405.

(2) Ousâma, dit M. DERENBOURG, *op. cit.*, p. 308, assista certainement à la première attaque de Hârim comme combattant dans les troupes de Nour ed-Dîn. Il se retira ensuite dans le Dyâr Bekr auprès de son nouvel ami, dans la capitale de cette province admirablement située sur les deux rives du Tigre.

chevaliers, écrasés sous le nombre, furent anéantis. Ce fut un épouvantable désastre pour les Francs, une victoire éclatante, inattendue pour les Sarrasins. Plus de dix mille chrétiens « furent envoyés à l'abreuvoir de la mort », disent les écrivains arabes. Quelques-uns parlent de « vingt mille tués ». Le prince Bohémond, le comte Raymond de Tripoli, Hugues de Lusignan, le comte Josselin d'Édesse, le duc byzantin d'Antioche, Constantin Kalaman, furent emmenés prisonniers à Alep, liés sur des chameaux, les mains au dos, abreuvés d'injures. Le lendemain 12 août, Hârim, bien que défendue par sept mille combattants, ouvrit ses portes. La garnison fut renvoyée à Antioche avec les malades, les femmes et les enfants, sous l'escorte d'une division de l'armée de l'Atâbek.

Le rêve de Nour ed-Din était accompli. La splendide forteresse, boulevard de la principauté d'Antioche, dont la présence sur la frontière de ses États l'avait tant irrité, était devenue sa proie. Ses étendards flottaient aux créneaux de ses immenses tours. A cette effrayante nouvelle, les habitants d'Antioche, dont les murailles jetées bas par l'affreux tremblement de terre de l'an précédent n'étaient pas encore entièrement relevées, estimèrent que leur dernier jour était venu. A chaque heure ils redoutaient de voir poindre les têtes de colonnes de l'armée victorieuse. Il fallut toute l'énergie du patriarche pour relever les courages éperdus par l'absence de tant de chevaliers, de tant de gens de pied tués ou pris à Hârim ou encore absents en Égypte à la suite du roi. Une circonstance toute particulière sauva Antioche : ce fut la crainte qu'eut Nour ed-Dîn que son prince dans son désespoir ne se donnât à l'empereur Manuel Comnène, dont le belliqueux voisinage inquiétait si fort l'Atâbek (1). Ce dernier préférait mille fois au voisinage de ce puissant souverain celui du bien plus faible prince d'Antioche. Ces considérations le retinrent bien inopinément, malgré les supplications de ses moins timides conseillers. Congédiant les

(1) Voy. Guill. de Tyr, *op. cit.*, p. 901.

contingents de Mossoul et du Dyâr Bekr, il fit habilement répandre le bruit qu'il allait maintenant attaquer Tibériade, et comme les chrétiens demeurés bien peu nombreux, malgré l'arrivée rassurante du comte Thierry de Flandre avec de nombreux groupes de croisés d'Occident, se préparaient fièvreusement à se retrancher dans cette place pour s'y défendre jusqu'à la mort, soudain on vit le redoutable Atâbek bondir sur la cité de Banias dont le seigneur Humfroy de Toron, l'évêque aussi, étaient en Égypte avec le roi Amaury. Il s'empara de cette place après un assaut furieux, le jour de la fête de saint Luc l'Évangéliste, et, à ce qu'on crut, par la trahison infâme du chanoine Roger et du gouverneur Gautier de Quesnet (1). Ce dernier, redoutant une punition terrible pour la négligence qu'il avait mise à préparer la défense de la ville confiée à ses soins, préféra éviter ce châtiment par cette trahison. La reddition eut lieu le 18 du mois d'octobre 1164, l'armée de

(1) Guillaume de Tyr le nomme « Hues (Hugues) de Quenol ».

secours n'ayant pu arriver à temps. En suite de
ce grave incident, Nour ed-Dîn accorda une
trêve aux chrétiens. Le territoire de Tibériade
fut partagé par moitié entre les belligérants.

Au siège de Banias, le frère de Nour ed-Dîn,
Nosret ed-Dîn, « émir émirân », fut atteint d'un
dard qui le priva d'un œil. Lorsque Nour ed-
Dîn le vit dans cet état, il lui dit : « Si tu voyais
quelle récompense t'est destinée dans l'autre
monde, tu désirerais perdre ton autre œil. »

Lorsque Nour ed-Dîn quitta Banias pour
retourner à Damas, il avait au doigt un anneau
dont le chaton était un rubis magnifique, que
l'on appelait *la Montagne* (1) à cause de sa gros-
seur et de sa beauté. Ce joyau tomba dans la
forêt de Banias, fort touffue. Nour ed-Dîn ne
s'aperçut de cette perte que bien plus loin. Il
envoya à la recherche du bijou plusieurs de ses
compagnons, leur indiquant la place où il se
rappelait s'être arrêté en dernier lieu. Ils y retrouvèrent l'anneau. Un poète syrien (Ibn-

____

(1) « Al djebel ».

Monîr, à ce que croit Ibn el Athîr) a composé
un poème en l'honneur de cette heureuse expédition de Nour ed-Dîn. Il y mentionne le rubis
de la *Montagne* (1).

Nour ed-Dîn et ses alliés, s'écrie Ibn el
Athîr (2), devaient leurs succès à « leurs armées
de paons, qui faisaient la roue et se pavanaient
dans leurs armes resplendissantes sous les
rayons d'un soleil éclatant. » Tous ces événements foudroyants s'étaient passés durant que
l'armée royale avec ses alliés égyptiens assié-
geait dans Belbéis Syracons avec l'armée de
Syrie. Bientôt l'affreuse nouvelle du désastre
de Hârim et de la reddition de Banias vint
porter l'épouvante dans le camp latin, la joie
dans la cité assiégée. Suivant l'historien Ibn
Abou Taï, l'Atâbek, ayant recueilli les étendards et les chevelures des chrétiens tués dans
tous ces combats, les fit placer dans un sac et
chargea un de ses émirs d'aller les remettre à
Schirkoûh dans Belbéis même. « Va, lui dit-il,

(1) *Hist. or. des Cr.*, I, p. 541.
(2) *Ibid.*, t. II, 2ᵉ partie, p. 221.

tu entreras par ruse dans Belbéis. Tu donneras ces trophées à Schirkoûh en lui annonçant que Dieu a accordé la victoire aux Musulmans; il les exposera sur les remparts de la ville et ce spectacle remplira d'effroi les Infidèles et suffira pour jeter le découragement dans leurs cœurs. »

On conçoit sans peine le trouble affreux qui bouleversa les cœurs du vaillant roi Amaury et de ses preux. Nous possédons encore le texte curieux autant que poignant d'un certain nombre de lettres qui furent adressées dans cette tragique fin du mois d'août de l'an 1164 au roi Louis VII de France, le plus puissant souverain de l'Europe à cette époque, protecteur né de la Croisade, pour invoquer en termes suppliants son appui, par divers hauts personnages du royaume chrétien d'Outre-mer, par le patriarche Amaury d'Antioche entre autres, l'ancienne victime de Renaud de Châtillon (1), aussi par divers dignitaires du Temple. Tous semblent comme affolés par la peur et le déses-

(1) *Reg.*, p. 106, n™ 402 et 405.

poir. Tous racontent dans les mêmes termes émus et consternés comment, en l'absence du roi victorieux en Égypte, le terrible Nour ed-Dîn, venu pour assiéger Hârim, a pris cette forteresse, même attaqué Antioche après avoir presque détruit l'armée du prince Bohémond et fait celui-là prisonnier. Ils décrivent en des phrases infiniment douloureuses « le péril extrême de Terre-Sainte » et conjurent la France chrétienne de leur envoyer un très prompt secours. Ils font erreur parfois, car le patriarche Amaury va jusqu'à affirmer que le roi est déjà maître de Belbéis. Celui-là implore le monarque français pour qu'il accoure en personne au secours des chrétiens d'Outre-mer !

Durant que ces terribles événements se précipitaient sur la frontière syrienne du royaume, le siège de Belbéis en réalité n'avait aucunement avancé. Malgré que la muraille fût en terre et très peu élevée, malgré qu'il n'y eût même ni fossé ni avant-mur pour la protéger, ni aucune espèce de défense sérieuse, malgré enfin qu'on combattît chaque jour corps à corps depuis l'aube jusqu'à fort tard dans la soirée, les alliés, malgré toute leur bravoure, n'avaient fait aucune avance contre Schirkoûh. Découragés par les atroces souffrances de ce siège interminable sous un ciel de feu, désespérés par les nouvelles qui venaient du saint royaume, ils commençaient à faiblir. Pressé de voler à la défense de ses frontières si gravement envahies, Amaury demanda d'abord à Schawer de le dégager de ses engagements et de le laisser rentrer dans ses États; mais celui-ci le supplia de demeurer encore quelque peu avec lui. En même temps le perfide Égyptien commençait à négocier secrètement avec Schirkoûh. C'est même certainement à cette occasion qu'il adressa à ce dernier une lettre curieuse qui nous a été conservée (1).

Alors Amaury, de plus en plus impatient de rentrer dans son royaume menacé, passant outre aux prières de son allié, fit offrir directe-

(1) Voy. REINAUD, *op. cit.*, p. 117.

ment la paix au général syrien. Il lui faisait savoir qu'il ne demandait pas mieux que de se retirer chez lui, pourvu que lui Schirkoûh en fît autant de son côté et le laissât librement et en paix regagner la Palestine durant que lui-même par une marche presque parallèle regagnerait la Syrie. Naturellement il lui demandait avant tout d'évacuer définitivement l'Égypte et de laisser cette contrée en la tranquille possession de Schawer. Schirkoûh, qui n'avait presque plus de vivres ni d'argent, qui surtout ignorait encore les grands succès remportés par Nour ed-Dîn, trop heureux d'en être quitte à si bon compte, accepta résolument les propositions royales. Il se mit aussitôt en devoir de reprendre le chemin de la Syrie et partit avec tout son monde de Belbéis le 26 octobre (1). Nous ne possédons aucun renseignement détaillé sur tous ces événements si curieux.

Ibn el Athîr toutefois rapporte une anecdote qu'il déclare tenir d'un témoin oculaire et qui

(1) Septième jour du mois de *dzoulhissa* de l'an 559 de l'Hégire. Voy. Röhricht, *op. cit.*, note 3 de la page 321.

montre la haute estime que Schirkoûh avait inspirée aux chrétiens. « Pendant l'évacuation de Belbéis, raconte-t-il, Schirkoûh se plaça à l'arrière-garde, tenant une massue de fer à la main. Il était l'objet de l'attention générale. Tout à coup un des Chrétiens nouvellement arrivés d'Occident, s'avançant vers lui, lui dit : « N'as-tu pas peur que les Égyptiens et les Francs, sans égard à leurs promesses, ne se jettent sur toi, à présent qu'ils t'entourent de toutes parts? » — « Plût à Dieu qu'ils le fissent, répondit Schirkoûh, tu verrais de quelle façon je les recevrais! Par Dieu! pour un des miens qu'ils tueraient, mon épée en ferait périr un grand nombre. Pendant ce temps Nour ed-Dîn attaquerait leurs provinces. Ils sont déjà affaiblis. Leurs braves sont morts. Nous prendrions leurs places fortes et nous exterminerions ceux qui restent encore. Par Dieu! si ces gens-là (il désignait ainsi ses troupes) m'avaient obéi, j'aurais fait une sortie contre vous dès le premier jour, pour m'ouvrir un passage de force; mais ils s'y sont refusés. » En entendant ces

paroles, le guerrier franc fit le signe de la croix
et dit : « Nous étions surpris de ce que les
Francs de Syrie racontent de toi et de la peur
superstitieuse que tu leur causes. A présent, je
ne m'en étonne plus ». En disant ces mots, il
se retira. »

Les Francs de Terre Sainte, sous la conduite
de leur roi, les guerriers syriens sous celle de
Schirkoûh, retournèrent chacun dans leur pays
après le long épisode de ce siège sanglant qui
se terminait ainsi à la confusion des deux partis.
Les Francs, comme pour l'aller, suivirent la
route du rivage. Ils rentrèrent chez eux après
avoir traversé, sans être inquiétés, les vastes
plaines désolées de Gaza. Shirkoûh, au contraire, prit la route du grand désert par Dsoul-
Higga, et regagna ainsi la Syrie en longeant
les rives de la mer Morte. Dès le 12 novembre
il était de retour. Sur sa route, les Francs, s'il
faut en croire Ibn el Athîr, malgré que les guerriers des deux nations se fussent réciproque-
ment juré de pas s'inquiéter dans leur marche,
tendirent une embuscade aux Sarrasins dans un

défilé, mais Schirkoûh, prévenu à temps, put modifier sa route et leur échappa. « C'est à propos de 'cela, dit Ibn el Athîr, qu'Omara a composé ces vers :

« Vous avez, pour tromper les Francs, gagné les lieux élevés, et vous avez dit à vos escadrons de cavaliers : courez sur Amaury.

« Certes, si les Francs jetaient une chaussée sur la mer, vous couvririez cette chaussée avec un océan de fer (1). »

Le roi Amaury fut également de retour dans sa capitale de Jérusalem dans le commence· ment de ce même mois de novembre. Il y trouva, à sa grande joie, le comte Thierry de Flandre depuis longtemps attendu et qui y était arrivé durant son absence avec une grande foule de nouveaux guerriers croisés.

« Les choses, dit Guillaume de Tyr (2), al·

---

(1) Ibn Abou Taï désigne comme auteur de cette déloyale agression Renaud de Châtillon et met sur le dos de ce person· nage toute une histoire. Il y a au moins erreur sur le nom du personnage, puisqu'à cette époque Renaud n'était pas encore revenu de sa grande captivité.

(2) *Op. cit.*, p. 900.

laient mauvaisement en la terre de Surie. Le roi Amaury, qui avait chassé Syracons hors d'Égypte et confermé Savar en sa baillie et en son pouvoir, s'en retourna en son royaume avec toute sa gent qui s'était bien contenue en cette besogne. Bien avait oui nouvelles de ces grandes mescheances qui avenues étaient au pays tandis comme il avait été dehors. »

Les années 1165 et 1166 se passèrent tristement pour le petit royaume latin d'Outre-mer. Nous n'avons que peu de détails.

Dès le mois de janvier 1165 le roi et le comte de Flandre s'étaient par Tripoli rendus à Antioche où Amaury séjourna plus d'un an, prenant toutes les dispositions nécessaires pour la défense de la ville et de la principauté durant la captivité du prince Bohémond (1). Ce fut à Antioche qu'il apprit la fâcheuse nouvelle de la prise par Schirkoûh d'une autre forteresse fameuse, connue sous le nom de « la Cave del

(1) Pour plus de détails, voy. GUILL. DE TYR, *op. cit.*, p. 900.

Tyron » (1). Celle-ci fut livrée par trahison, le châtelain et la garnison ayant été, croit-on, achetés. Les chrétiens furieux pendirent le châtelain à Sidon. Bientôt arriva un autre non moins triste message. Une forteresse de la terre d'au-delà du Jourdain défendue par les templiers avait été de même assiégée et prise par Schirkoûh toujours à la suite de trahison. Amaury accourut à la rescousse, mais, arrivé trop tard, il fit pendre les douze Templiers estimés les plus coupables. Nous ne savons presque rien d'autre sur ces années douloureuses.

Sur ces entrefaites, raconte Ibn el Athîr, Schirkoûh, qui ne pouvait oublier l'Égypte, brûlant chaque jour davantage du désir ardent d'y retourner, ne cessait de s'entretenir de ce sujet avec tous ceux qui l'approchaient. Nour

(1) « *Cavea de Tyrum* » dans Guillaume de Tyr. Généralement aussi nommée « Schakif Tirun ». On ignore quel était l'emplacement exact de ce château creusé dans le roc, peut-être sur la montagne qui domine Sidon et Beyrouth, peut-être dans le voisinage de Tyr.

ed-Dîn, au contraire, qui redoutait de diviser ainsi dangereusement les forces de l'Islam, était de nouveau résolument opposé à tout projet de ce côté. Il résista autant qu'il le put. Il finit toutefois par céder devant l'insistance que mettait Schirkouh à lui exposer les richesses de l'Égypte et aussi devant l'impuissance manifeste de Schawer à se maintenir dans cette contrée.

L'ambitieux vizir arracha donc à son maître moins fougueux la permission d'organiser une nouvelle expédition armée dans la vallée du Nil. Il eut même l'autorisation de réclamer l'appui du Khalife de Bagdad pour amener à soumission son collègue schismatique du Kaire (1).

A la tête de deux mille cavaliers seulement, choisis parmi les meilleurs, sous le commandement de nombreux chefs parmi les plus distingués, Schirkoûh se mit en route dans le courant du mois de janvier de l'an 1167 (2). « Une

____

(1) Voyez dans GUILLAUME DE TYR, *op. cit.*, p. 903, la description de l'Égypte faite par Schirkoûh au Khalife de Bagdad.

(2) Voyez RÖHRICHT, *op. cit.*, note 2 de la p. 322. ·

nouvelle courut, dit Guillaume de Tyr (1), que
le mauvais adversaire de la chrétienté Syracons
avait assemblé si grand planté de Turs que
l'on avait jamais avant vu plus grande armée.
Tous les pouvoirs de la terre du Levant et de la
païennine qui est en la partie devers Bise
étaient avec lui. Il s'en voulait avec toute cette
gent qui était avec lui descendu au réaume
d'Egypte ».

« L'agitation de Shirkouh, raconte de son
côté l'auteur arabe du *Livre des deux Jardins* (2),
était tôt parvenue à Schawer qui commença à
redouter une nouvelle attaque contre son pays
et sentit bien qu'Asad ed-Dîn Schirkoûh con-
voitait l'Égypte et sûrement dirigerait contre
elle ses entreprises. Aussi s'était-il empressé
d'entrer de nouveau en correspondance avec
les Francs. Il convint avec eux qu'ils vien-
draient dans son pays et s'y établiraient complètement pour l'aider à anéantir ses ennemis
et y consolider son autorité. A cette nouvelle

(1) P. 902.
(2) *Hist. or. des Cr.*, t. IV, p. 110.

Nour ed-Dîn et Asad ed-Din Schirkoûh furent
très effrayés; ils craignirent que l'Égypte tom-
bât au pouvoir des Francs et que toute cette
contrée ne reconnût l'autorité des infidèles.
Asad ed-Dîn fit donc aussitôt ses préparatifs;
Nour ed-Dîn lui fournit une armée et obligea
Salah ed-Dîn (que Dieu lui fasse miséricorde!)
malgré les répugnances que celui-ci manifes-
tait, à accompagner Asad ed-Dîn. Ces événements se produisirent dans le courant du mois
de *rebi'a* (1) et l'arrivée des troupes musulmanes sur les terres égyptiennes coïncida avec
celle des Francs. »

Les Francs, en effet, se trouvaient, on le
voit, cette fois encore de la partie. Amaury
n'avait pas plus tôt appris la nouvelle entrée en
campagne de Schirkoûh qu'il avait convoqué à
Naplouse, en conseil de guerre, le patriarche, le
clergé et tous les princes du royaume pour leur
demander leur avis en même temps que leur
appui (2). Naplouse, c'était l'antique Sichem,

(1) Janvier 1167.
(2) Voy. dans WÜSTENFELD, *op. cit.*, p. 334, le double motif qui

au pied du mont Garizim. Jadis, aux environs
de ce lieu illustre, Abraham, père des peuples,
avait dressé sa tente sous les chênes de Mamré.
Des siècles plus tard, les tribus d'Israël, sous
la conduite de Josué, s'y étaient assemblées
pour bâtir sur le mont Ebal un autel où étaient
inscrites les paroles de la Loi. Jéroboam en
avait fait pour un temps la capitale du nouveau
royaume d'Israël. Céréalis, lieutenant de Ves-
pasien, y avait passé au fil de l'épée sur le mont
Garizim les derniers Samaritains. Tous ces
grands souvenirs agissaient puissamment sur
les âmes simples des guerriers francs assemblés
en grand nombre autour de leur prince bien-
aimé. Un immense enthousiasme guerrier s'empara de tous. On décida sur-le-champ de retourner une troisième fois en Égypte. On
décréta d'employer pour l'impôt de guerre un
dixième de tous les revenus publics et particu-

provoqua cette nouvelle entrée en campagne des Francs : à la
fois un espoir et une crainte; espoir de pouvoir enfin cette fois
conquérir définitivement l'Égypte; crainte par contre de la voir
conquise par Schirkoûh et de se trouver pris ainsi entre Nour
ed-Dîn à l'est et son lieutenant à l'ouest.

liers; « le promirent et clercs et laïques, et le tinrent bien. » L'armée se réunit incontinent, et comme on apprit presque aussitôt le départ de Schirkoûh, Amaury se hâta pour tâcher de l'atteindre à Kades-Barnea.

« Lors revint, dit Guillaume de Tyr, une autre novele que Syracons avait fait trousser viandes à grant tens et fesoit porter eux en bouciaux sur grands chameaux qui pouvait suffire à hommes et à chevaux par maints jours et voulait passer par les déserts où les fils d'Israël quand ils venaient en la terre de la Promesse. Le roi, quand il ouit cela, prit isnelement chevaliers et gens autant qu'il put en avoir et s'en alla hâtivement pour lui destorbes el desert et tant chevaucha qu'il vint en un lieu nommé Kades-Barnea (1) mès ne trouva mie Siracons, si s'en retourna isnelement, por ce qu'il n'estoit mie el païs où il put bien séjourner. »

Le roi était donc arrivé trop tard. Il s'en retourna à Ascalon! Là l'armée s'assembla

(1) Sur cette ville, voy. GUILLAUME DE TYR, *op. cit.*, note de la p. 904.

définitivement. « Lors le roi, poursuit Guillaume de Tyr, fit faire une grande semonce par
toute sa terre de gents à cheval et à pied. Il
y eut grande assemblée à Escalonne, où ils
vinrent tous et furent là trois jours devant la
Chandeleur. Lors s'en émut le roi et prit ce
que métier lui fut de gent et de viandes avec
lui, puis s'en entra par la voie du désert qui
est entre Gaza et la dernière cité du royaume
de Jérusalem. Lors attendit toutes ses gens,
puis vinrent à un château ancien du désert
qui a nom Laris, puis allèrent outre jusqu'à
la cité dont je vos ai parlé desus qui est ore
apelée Belbes, mès ele fu jadis apelée Péluse
de que parolent sovent les Escriptures des
profetes. »

Donc, parti le 30 janvier de l'an 1167, le roi
Amaury, par Gaza et El Arish, par toute cette
longue et aride route des sables que j'ai déjà
décrite, franchit à nouveau l'isthme fameux et
parut une fois de plus devant la grande cité de
Belbéis, sur la rive d'une des branches du Nil
en sa plaine infinie!

« Ibn Abou Taï, dit Reynaud (1), est celui des auteurs arabes qui est entré dans les plus longs détails sur cette troisième guerre d'Amaury en Égypte. » Schawer, nous l'apprenons par ce chroniqueur, n'avait d'abord rien su du danger qui menaçait l'Égypte, tant la marche de Schirkoûh s'était maintenue secrète. Même il n'en avait été averti que par Amaury (2). Aussi s'empressa-t-il d'implorer à nouveau l'assistance de celui-ci, le suppliant de lui amener aussitôt une armée de secours aux mêmes conditions que lors de l'expédition précédente. Sa demande ayant été agréée, il mit avec empressement à la disposition du roi les trésors et les moyens d'action du Khalife et de toute son armée, promettant mille besans pour chaque jour « pour le cors du roi et chaque baron suivant son rang, besans à l'avenant et chaque chevalier et sergent selon son rang, et

---

(1) *Op. cit.*, p. 122.

(2) Suivant Ibn el Athír (*op. cit.*, p. 547), Schawer aurait fait implorer le secours d'Amaury dès avant la mise en marche de Schirkoûh. Suivant Behá ed-Dín (*Hist. or. des Cr.*, t. III, p. 44) les deux adversaires arrivèrent presque simultanément en Égypte.

chevaux et tout le despens de l'ost à son coust et toute la viande de sa terre... »

Amaury et ses chevaliers furent littéralement comblés par l'inquiet vizir. Guillaume de Tyr (1) décrit en termes saisissants les terreurs de celui-ci à l'ouïe de la venue des Francs, « car ne pouvait arriver à se persuader qu'ils vinssent pour l'aider », puis sa joie presque délirante quand enfin il dut se rendre à l'évidence.

Le roi Amaury et son armée avaient, comme de coutume, je l'ai dit, suivi la route le long de la mer. Schirkoûh, au contraire, avait pris la route du désert. « Son dessein était de se rendre tout droit devant Belbéis. Mais comme il fut prévenu par les Francs, auxquels s'étaient unis les Égyptiens, il se porta d'un autre côté, et prit le chemin des montagnes. »

L'armée franque, grossie de celle de Schawer, ne s'arrêta point cette fois devant Belbéis. Dépassant cette cité et marchant maintenant droit vers le nord, les forces franco-arabes

(1) *Op. cit.*, p. 905.

eurent bientôt fait d'atteindre la banlieue du Kaire sans avoir jusqu'en ce point rencontré la plus légère résistance. Jamais armée de la Croisade ne s'était encore avancée aussi loin de ce côté. C'était la première fois que Mirs el-Kahirah, « la Victorieuse », fondée par Mouizz, par l'épée de son fameux vizir Djauher, en l'an 969, voyait frissonner sous ses murs, au vent du désert, les pieux étendards de la Croix!

Contournant et dépassant encore l'immense cité aux coupoles innombrables, nonchalamment étendue au pied de l'aride Mokkatam, Amaury vint établir son camp sur la rive droite du Nil, à « deux stades », moins d'une demi-lieue, dit expressément Guillaume de Tyr, du Kaire, de manière à pouvoir attendre son adversaire en ce point propice et l'attaquer avant qu'il n'eût pu franchir le grand fleuve.

Cependant Schirkoûh et ses troupes, décrivant un arc immense tout alentour des frontières de Terre Sainte, avaient à leur tour pénétré dans l'isthme. Prenant une route beau-

coup plus méridionale que celle suivie par l'armée franque et coupant court à travers le grand
désert du Sinaï, ils avaient, aux environs de
Suez, rejoint l'ouadi Ghizlân. Remontant cette
dépression et marchant droit à l'ouest dans la
direction du Nil, ils avaient atteint ce fleuve à
Atfih ou Atfieh, localité située sur la rive droite,
également en amont du Kaire, mais plus au
sud que l'emplacement choisi par Amaury pour
y installer son camp.

Durant toutes ces marches si longues en ces
contrées arides, aucun contact ne semble s'être
produit entre les deux armées ennemies, qui suivaient des directions parallèles séparées par
d'immenses espaces.

Schirkoûh, en gagnant à marches forcées
cette ville égyptienne d'Atfih (1), n'avait qu'un
désir : franchir le vaste fleuve pour mettre cette
barrière formidable entre lui et l'ennemi. Il est
probable, bien que nous n'en soyons pas exactement informés, que dans cette course de

(1) Que Guillaume de Tyr nomme inexactement Attafi, Aetafi
Attasi, Atafin.

vitesse les deux armées atteignirent le Nil presque simultanément à peu de distance l'une de l'autre. Schirkoûh, en toute hâte, fit à Scherouné traverser le fleuve à son armée sur des barques. Nous ne possédons aucun détail sur cette gigantesque opération. Guillaume de Tyr (1) raconte que les chrétiens et leurs alliés infidèles furent avisés de la marche en avant si rapide de Schirkoûh et tentèrent de le couper du fleuve pour l'empêcher de passer sur la rive gauche ; mais il était trop tard. Quand les chrétiens arrivèrent à Atfih, l'armée syrienne avait déjà franchi le Nil. On ne put se saisir que de quelques cavaliers d'arrière-garde. Ces traînards, amenés liés à Amaury, furent interrogés directement par le roi sur ce qu'ils savaient des forces et des projets du redoutable « Syracons ». Les pauvres diables racontèrent au souverain latin la marche infiniment éprouvante de l'armée sarrasine à travers ces immenses déserts de sables depuis la lointaine Syrie jusqu'aux

(1) *Op. cit.*, pp. 907-908.

rives verdoyantes du grand fleuve égyptien. Ils dirent encore qu'après qu'on eut passé la Syrie Sobale, qui correspond à l'antique pays biblique de Moab, en cette terre lointaine et fantastique où se dressaient les forteresses colossales de Karak et de Montroyal ou Schaubak, une tempête affreuse de Simoun avait jeté l'effroi parmi les innombrables combattants en marche.

Il faut lire dans Guillaume de Tyr le récit naïf de ce phénomène terrifiant. « Syracons » y perdit, paraît-il, beaucoup de monde, beaucoup de chevaux aussi et d'équipages étouffés ou perdus dans les sables brûlants. Le chef syrien eut la plus grande peine à rallier ses contingents débandés par ce souffle enflammé du désert. Enfin ces quelques captifs fournirent au roi de précieux renseignements sur le nombre et la force des troupes ennemies. « Quand nos gens, dit le chroniqueur, ouïrent ces nouvelles, ils s'en retournèrent arrière et se logèrent sur la rive où ils avaient avant été logés. »

Schirkoûh, aussitôt qu'il eut achevé de faire

passer son armée sur la rive gauche, d'une marche rapide, descendant cette rive, ramena ses soldats jusqu'à Gizeh, juste en face du Kaire. C'est là cette localité ombreuse et charmante que connaissent bien tous les voyageurs ayant fait quelque séjour au Kaire. C'est en ce point que Bonaparte inaugura la bataille des Pyramides.

De nos jours, de riches Égyptiens ont bâti le long de ces belles allées de grands arbres, des villas, des palais, dont un est devenu le grand hôtel de Ghezireh Palace. Le célèbre Musée des antiquités égyptiennes qui fut longtemps installé à peu de distance du village arabe vient d'être transféré ailleurs. Schirkoûh, ayant ainsi pleinement réussi dans cette marche extraordinaire d'Alep au Kaire, établit aussitôt son camp en face de la grande capitale dont le fleuve seul la séparait. Il devait occuper cet emplacement près de deux mois, exactement cinquante jours.

De son camp de Gizeh, Schirkoûh envoya à Schawer un écrit solennel par lequel il incitait une dernière fois l'ambitieux vizir à une alliance contre l'ennemi de leur commune foi. Au nom de l'Islam, il lui jurait, pour le récompenser de sa défection, de s'en aller avec son armée aussitôt que les Francs auraient été vaincus et chassés et de ne plus jamais revenir en Égypte. « Je te le jure, lui écrivait-il, par le Dieu qui n'a point d'égal et par tout ce qui lie les Musulmans ensemble. Maintenant l'ennemi est dans le cœur du royaume, il est éloigné de tout secours, il lui sera dificile de s'échapper; réunissons nos efforts pour l'accabler. L'occasion est favorable; peut-être ne se présentera-t-elle plus; exterminons donc cette nation. » Schawer, bien loin d'accueillir ces ouvertures, fit tuer l'envoyé de Schirkoûh qui les lui apportait, en s'écriant : « Non, ils ne sont pas les Francs, ils sont le salut » (1). Bien plus, il livra la lettre du général syrien au roi « Morri », pour enlever à celui-ci toute inquiétude sur sa fidélité. Schir-

(1) Il y a dans cette phrase une assonance bizarre entre les mots : *firendj*, Franc, et *feredj*, salut, délivrance.

koûh se montra très affecté de ces procédés violents. « Il s'en mordit les doigts de rage et s'écria douloureusement : « Si Schawer avait voulu me croire, pas un guerrier occidental n'eût survécu. Que Dieu le maudisse (1)! »

Pour cette belle campagne du roi Amaury en Égypte, Guillaume de Tyr (2) devient ici plus que jamais notre guide principal. « Schawer comprit bien, nous dit-il, que pour retenir le roi « Morri », il fallait lui faire la partie belle. » Donc les prudhommes des deux armées s'accordèrent en cette matière par laquelle Schawer s'unit encore plus étroitement à Amaury par un solennel et durable traité. Le roi recevrait quarante mille besants, c'est-à-dire quarante mille dinârs ou pièces d'or, dont moitié payable de suite, moitié au bout de très peu de temps, à condition que le roi jurerait loyalement et fiancerait de sa main toute nue, sans mal engin,

(1) Voy. REINAUD, *op. cit.*, p. 122, où le récit d'Ibn Abou Taï est reproduit tout au long.
(2) *Op. cit.*, pp. 908 à 911.

qu'il ne s'en irait pas d'Égypte, jusque Syracons et touz ses olz serait gitez hors, ou que ils fussent si descomfiz qu'ils n'eussent nul pooir en la terre. » Les parties s'accordèrent. Le contrat fut ratifié par le roi, qui serra la main de l'envoyé du Khalife. Les plénipotentiaires du roi : Hugues de Césaire ou Césarée, « jeune homme sage et bien parlant », et le maître du Temple, Godefroy (1), « le frère à Foulcher », se rendirent au Kaire à la cour du Khalife, pour avoir aussi sa foi — « quar ne semblait mie assez à la nostre gent que li soudans aseurast si granz covenances, einçois vouloient que li galifes le fiançast ausint comme li rois avoit fet ».

Je continue à citer textuellement Guillaume de Tyr : « Porce que les genz d'estranges terres ne connaissoient mie la contenance des herberjages à cel haut prince qu'on apele galife, cil qui ceste estoire mist en latin demanda mout ententivement à noz mesages qui là furent envoié,

____

(1) Hugues de Césaire et Godefroy figurent constamment dans les documents de cette époque.

les noveles de leur gent et comment ils se con-
tenoient (1).

Les envoyés francs, guidés par Schawer en
personne, vivement émus, mais nullement
intimidés, furent amenés d'abord à un premier
palais « très beau et richement orné » (2). Ils y
trouvèrent de nombreux appariteurs, on dirait
aujourd'hui des huissiers qui, l'épée nue, leur
firent cortège, les précédant. Conduits par de
longues et étroites allées voûtées, tout à fait
obscures, « où l'on ne voyait goutte », probablement dans le but de les impressionner
davantage, ils se trouvèrent, en revenant à la
lumière, devant plusieurs portes successives.
Auprès de chacune de nombreux gardes sarrasins veillaient qui se levaient aussitôt à l'approche de Schawer et le saluaient respec-
tueusement. Ils débouchèrent ensuite dans une
vaste cour découverte qu'entouraient de magnifiques portiques à colonnades, cour toute pavée

(1) P. 910.
(2) Guillaume de Tyr le nomme « Cascere » ou « Cascera »,
c'est-à-dire le « Palais du Kaire ».

de marbres de diverses couleurs, avec des rehaussés d'or d'une richesse extraordinaire. « Li chevron en li tref étaient tuit couvert d'or. » C'était si beau, si agréable à voir que l'homme le plus occupé en divers lieux s'y serait arrêté. Une fontaine au centre, par des conduites d'or et d'argent, amenait de toutes parts de l'eau d'une clarté admirable dans des canaux et des bassins pavés de marbre. Çà et là voletait une infinie variété d'oiseaux des plus rares couleurs, des plus belles espèces, venus de diverses parties d'Orient, « que nul ne les vit qui ne s'en émerveillât, et ne dit que vraiment la nature se jouait quand elle les fit. Les uns parmi ces oiseaux se tenaient près des fontaines, les autres loin, chacun selon sa nature; chacun avait sa nourriture comme il lui convenait ». Là, les premiers gardes qui avaient escorté jusqu'ici les guerriers francs prirent congé d'eux. Ils furent aussitôt remplacés par de plus hauts personnages, choisis parmi les intimes familiers même du Khalife, des émirs que l'on apeloit « amirauts de chartres ».

Ceux-ci leur firent traverser de nouvelles cours plus belles encore, puis un jardin si riche et si délicieux que le premier ne leur semblait plus rien. Là, ils virent une ménagerie de quadrupèdes si étranges « que celui qui en ferait le récit serait accusé de mensonge et que nul peintre même en rêve ne pourrait façonner de si étranges choses ». « L'Occident n'avait jamais vu de tels animaux et ne les connaissait que par ouï-dire. »

Après avoir franchi mainte autre porte, maint détour, rencontrant toujours choses nouvelles qui les ébahissaient davantage, nos preux arrivèrent enfin au Grand Palais, demeure même du Khalife. Celui-là dépassait en somptuosité tout ce qu'ils avaient vu jusque-là. Ses cours regorgeaient de guerriers sarrasins en armes vêtus d'armures éclatantes d'or et d'argent, semblant fiers des trésors qu'ils gardaient. On introduisit les chefs francs dans une vaste salle divisée en deux d'une paroi à l'autre par une grande courtine ou tenture de fil d'or et de soie de toutes couleurs parsemée de dessins de bêtes, d'oiseaux, de gens, flamboyant de rubis, d'émeraudes et de mille riches pièces. Personne ne se trouvait dans cette salle. Schawer, cependant, aussitôt entré, se prosterna, adora, puis se releva, puis se prosterna à nouveau, puis déposa l'épée qu'il portait suspendue à son col. Une troisième fois, il se prosterna dans l'attitude de la plus humble adoration. Alors, soudain, avec la rapidité de l'éclair, la grande tapisserie d'or et de soie qui cachait le fond de la salle, enlevée par des cordes, se redressa vivement comme un voile qui se lève et le Khalife enfant apparut aux yeux éblouis des envoyés latins! Le visage de ce prince mystérieux était strictement voilé. Il était assis sur un siège tout en or, constellé de gemmes et de pierres précieuses. Un très petit nombre de ses « plus privés conseillers, tous châtrés », l'entouraient. C'étaient les premiers eunuques du Palais (1).

Schawer s'approcha avec servilité du Kha-

(1) Voy. Al. Calcashandi, *Göll. acad. Abhandl.*, 1879, pp. 197-198.

life enfant. Il lui baisa les pieds, s'assit sur le sol à côté de lui, lui exposant en un humble parler que l'Égypte allait être perdue s'il n'y mettait conseil, que le terrible Schirkoûh était venu de Syrie avec force soldats à lui envoyés par le Khalife de Bagdad en haine de son collègue du Kaire, qu'on ne parviendrait à chasser ce puissant ennemi qu'avec beaucoup de peine et de dépenses de la dite terre d'Égypte; que, pour cette raison, lui, Schawer, avait cru devoir faire de grandes avances au roi franc de Syrie, le roi chrétien « Morri » qui était accouru aussitôt au secours de l'Égypte, et qui était « très loyal homme ». Les guerriers qu'il avait amenés étaient plus braves que tout ce qu'on peut rencontrer.

Schawer énuméra ensuite au Khalife toutes les « convenances » qui avaient été accordées entre lui et le roi franc et qui n'attendaient que sa confirmation. Quand l'immobile et étrange souverain eut bien et convenablement entendu tout ce long exposé, « débonnairement et à belle chiere, il octroia les dites convenances et dit qu'il lui plairoit que Schawer fît payer au roi Amaury son ami les sommes convenues et encore plus pardessus ».

Les envoyés francs insistèrent alors pour que le Khalife jurât sa foi de même que l'avait fait leur propre roi.

L'entourage du souverain musulman, « tous ses barons », émerveillés d'une telle audace, se montrèrent fort scandalisés d'une demande aussi hardie adressée à un aussi grand prince. Ils affirmèrent que cela n'avait jamais été fait auparavant, que cela jamais ne serait. Il y eut à cette occasion de longues et violentes contestations qui faillirent tourner au tragique. Schawer, humblement, s'efforçait de démontrer au Khalife et à ses conseillers dans quel péril affreux se trouvait la terre d'Égypte.

« Mais nos messagers, poursuit le bon chroniqueur, pour rien au monde ne voulaient renoncer à ce qu'ils demandaient. Finalement, par grande angoisse et grand dédain, lui, en souriant, tendit la main couverte, c'est-à-dire gantée de soie. » Alors, Hugues de Césaire

« qui mout estoit sages et cortois et bien par-
lanz », dit très haut : « Sire, loyauté n'a point de
couverture, si vous voulez vraiment tenir cette
convention ainsi qu'elle a été conclue, vous la
confirmerez de votre main nue, comme l'a fait
le roi notre sire. Si vous ne voulez déganter
votre main, nous, simples gens, qui n'avons
jamais vu nos princes agir ainsi, nous aurons
grand soupçon qu'il n'y ait quelque trahison
sous roche. »

Les émirs, entendant ces paroles merveilleusement hardies, crurent rêver, se demandant
avec effroi comment ces chrétiens osaient parler au Khalife comme à leur égal, lui demandant
de faire ce qu'il ne pouvait faire sans s'abaisser.
Le Khalife cependant vit bien qu'il faudrait
céder, et, furieux, pour cacher sa colère, se
mit à sourire « comme s'il tenist à folie ce que
li mesage disoient ». Il tendit sa main nue, et,
la tenant dans celle de Hugues de Césarée, il
répéta le serment mot à mot à mesure que celui-
ci le lui dictait solennellement. Ceux qui assis-
tèrent à cette grande humiliation publique de

l'Islam racontèrent que le Khalife était un adolescent auquel la barbe paraissait à peine, fort beau bachelier, de peau brune, très gros, « larges seur toz homes », ayant plus de « set-vinz » femmes. Il avait nom « Elhaldech, li fuils Elfey », ce qui signifiait en bon arabe Al-Âdîd li Dîn Allah, fils d'Al-Fâ'iz bi-Nasr-Allah.

Lorsque les deux intrépides envoyés francs se furent retirés, le Khalife leur fit porter « à leur hôtellerie » grands présents de viandes et des dons superbes, « précieux et larges ».

« Li message du roi qui orent ainsi prise la seurté del galife, heureux d'avoir tout bien terminé, retournèrent en l'ost au roi et as barons et dirent que les convenances étaient bien confirmées, lors empristrent la besogne corajeusement de chevauchier contre Syracons por lui gîter hors de sa terre. Ils se logièrent sur le fluve et demorèrent là cele nuit ». Et au matin les Francs virent que Schirkoûh, sorti de son camp de Gizeh, s'était avancé sur la rive opposée du fleuve avec tout son monde et avait commencé à fortifier là son camp pour leur en disputer le passage. Le roi, voyant cela, fit rechercher toutes les barques des environs et fit faire un pont de bateaux « avec ces nefs jointes et bien ancrées de çà et de là ». Il fit mettre par-dessus de grands troncs de palmiers qu'on avait coupés aux environs et fit recouvrir le tout d'une grande épaisseur de terre, de manière à supporter même le passage de la cavalerie. A mesure que ce grand ouvrage avançait sur les côtés, — « ne sait combien de temps on y travailla », — on y mettait de distance en distance « hautes bretesches de bois garnies de machines ».

La construction de ce pont géant fut assez facilement conduite jusque vers le milieu du fleuve. Mais à partir de là ce fut une autre affaire. La nuée de traits, les balles de frondes, les projectiles de toutes sortes incessamment lancés de la rive opposée commencèrent à atteindre les travailleurs et à les faire périr en masse quelque précaution qu'on prît pour les mettre à l'abri. Beaucoup de traits décochés d'une main sûre dépassaient même le milieu du fleuve. Il fut impossible de remédier à ce grave péril. Force fut d'en rester là à la grande désolation du roi. Les deux armées demeurèrent ainsi plus d'un mois en présence dans ce terrible *statu quo*. Les combattants s'insultaient d'une rive à l'autre, « les nôtres n'ayant pouvoir de passer le fleuve, les autres n'osant s'éloigner de la rive, ni rentrer dans la terre de peur que nous ne passions ».

Durant qu'il en était ainsi aux alentours du Kaire, Schirkoûh, évidemment dans le but de faire du fourrage, détacha une portion de ses contingents pour aller occuper l'île de Mahalla ou Mahalet (1), en plein delta, « isle du Nil, dit Guillaume de Tyr, molt planteive de bones terre, de pastures et d'arbres qui portoient fruit, molt planteive de viandes aussi ».

Mais les nôtres, poursuit le chroniqueur, furent prévenus aussitôt et le roi dépêcha incon-

---

. (1) Voy. REINAUD, *op. cit.*, p. 414, note 1.

tinent de ce côté Miles de Plancy, grand échanson et sénéchal du royaume, avec le propre fils de Schawer, Al Kâmil, à la tête de nombreux chevaliers et de non moins nombreux contingents sarrasins. Ces deux chefs, dont les noms jurent de se trouver ainsi côte à côte, surprirent l'ennemi durant qu'il était encore occupé à massacrer les malheureux paysans de Mahalla. Un furieux combat s'engagea qui dura de longues heures. Les guerriers sarrasins surtout s'entretuaient avec rage. Dieu finit par donner la victoire aux chrétiens. Les combattants syriens furent en partie hachés, en partie rejetés dans le fleuve, où ils se noyèrent. Plus de cinq cents périrent : « Syracons, s'écrie Guillaume de Tyr, en fu fort esbahiz, et se commença ja à désespérer que il ne poïst mie bien s'emprise trere à chief. De l'autre part, li nostre en furent recomforté et plus encoragié. »

Vers ce temps à peu près, l'armée chrétienne reçut d'importants renforts qui lui furent amenés du royaume par Humfroy de Toron, Philippe, le jeune prince de Naplouse, et d'autres barons.

Diverses affaires avaient longuement retardé ces seigneurs, qui accouraient rejoindre leur roi. Grande fut la joie de tous à l'arrivée de ces preux.

Un conseil suprême des chefs des deux armées, sous la présidence du roi et de Scha-wer, décida, dès que la nuit serait venue, d'envoyer en secret tous les bâtiments, « toute leur navie », à une île du Nil située à huit milles en avant du camp chrétien, tandis que l'armée suivrait à pied. Arrivée en face de l'île, l'armée devait s'embarquer aussitôt sur la flotte, aborder sur l'île, en égorger les défenseurs endormis et de là gagner l'autre rive pour la remonter en hâte et tomber à l'improviste sur le camp ennemi. On voulait reprendre par cette voie l'opération qu'avait rendue impossible le non-achèvement du grand pont de bateaux. Toute la première partie de l'entreprise réussit à souhait. Les barques conduites secrètement, sitôt la nuit venue, en face de l'île, y débarquèrent les forces alliées. La garnison sarrasine fut très probablement surprise et égorgée. Mais lorsque, dans la seconde partie de la nuit, il s'agit de franchir encore le moindre bras du fleuve pour gagner la rive, un ouragan de vent s'éleva si violent que le débarquement devint impossible malgré les plus courageux efforts. Ceux seuls qui ont éprouvé comme moi l'impétuosité d'un de ces ouragans de vent et de sable sur le grand fleuve égyptien comprendront facilement l'échec des forces alliées.

Il fallut se contenter de se fortifier dans l'île sur la rive faisant face à l'ennemi et d'y transporter le camp des deux armées royale et égyptienne. Un fort contingent fut laissé en amont à la garde du pont inachevé, sous le commandement de Hugues d'Ibelin, personnage considérable, chef excellent, marié à l'épouse divorcée du roi Amaury, et d'Al Kâmil, fils de Schawer.

Sur ce, au matin, Schirkoûh, informé du départ clandestin de la plus grande partie des barques d'Amaury qui avaient disparu de leur ancrage, avait conçu de ce fait la plus vive inquiétude. Le chef syrien fit prendre incontinent les armes à ses troupes, et, filant en hâte le long de la rive orientale du fleuve, ne tarda pas à arriver à la hauteur de l'île, qu'il trouva déjà occupée par l'ennemi. Il établit aussitôt en face de celle-ci, mais à quelque distance dans l'intérieur des terres, un nouveau camp. Sa situation était si mauvaise à cause de l'étroitesse du bras qui séparait l'île de la rive gauche, qu'il n'avait même pas libre accès à la rivière. Il n'osait y envoyer boire ses chevaux, de peur de les faire tuer par l'ennemi à coups de traits. Force lui fut de les expédier plus en aval à cette intention.

Un nouveau conseil des chefs des armées alliées tenu à l'heure de vêpres, décida de tenter une seconde fois dès le matin prochain le passage du petit bras, puis d'attaquer aussitôt l'armée ennemie si elle faisait tête. Mais cette même nuit Schirkoûh, se sentant décidément trop en l'air dans cette situation si critique, abandonna son nouveau camp à peine établi avec tous ses bagages et battit en retraite.

Aux premières lueurs du jour les alliés s'aper-

çurent de la disparition de l'armée de Syrie.
Sans perdre une heure, on organisa le passage
du petit bras, qui se fit sans rencontrer aucune
résistance. A peine débarqué sur la rive gauche,
le roi Amaury, laissant en arrière les gens de
pied, se jeta avec toute sa cavalerie à la poursuite de Schirkoûh, durant qu'Hugues d'Ibelin
et le fils de Schawer, qui avaient été laissés,
on se le rappelle, avec beaucoup de troupes
franques et sarrasines à la garde du pont inachevé et du premier camp, recevaient l'ordre
d'occuper le Kaire.

Ce fut un jour glorieux que celui de l'entrée
de ces forces chrétiennes dans cette grande
cité musulmane. Tout le long du rempart, toutes
les tours et les portes de cette noble capitale,
les demeures mêmes du Khalife furent successivement livrées à des chevaliers chrétiens, qui
tous, scandale inouï pour les vrais croyants,
eurent constamment libre accès auprès du souverain. Aussitôt la ville occupée, un fort contingent des troupes alliées commandé par

Gérard de Pougy et Mahada (1), second fils de Schawer, s'établit sur la rive gauche du Nil à la hauteur du pont inachevé pour prévenir de ce côté toute tentative de surprise de l'armée syrienne.

Les guerriers chrétiens qui tous, presque sans exception, n'avaient jamais pénétré dans une grande cité sarrasine, furent saisis d'étonnement et d'admiration à leur entrée dans cette immense et somptueuse ville du Kaire : « Si que les richesses et li deliz et li autres grants secrés qui jusqu'à cel jor avoient esté celé et couvert, furent mout cerchié et regardé de noz Crestiens et des Turs meismes, assez virent choses dont il s'emerveillièrent. »

Schirkoûh et son armée se trouvaient maintenant dans la situation la plus critique, au centre d'un pays très hostile, fortement pressés par un ennemi très supérieur en nombre, à une infinie distance de la terre natale, sans moyens

(1) Ou Mahadam.

de secours suffisants. Il est vrai qu'immédiatement après son arrivée en Égypte, le général
syrien avait fait fortement occuper par des détachements de ses troupes les districts les plus
occidentaux de cette contrée et que la nombreuse population d'Alexandrie, entre autres,
profondément indignée et irritée par l'alliance
impie, monstrueuse, du Khalife et de Schawer
avec les chrétiens, s'était de suite ralliée à sa
cause. Le gouverneur de cette grande cité commerçante, personnage très dévoué à Schirkoûh,
fils d'un ancien vizir égyptien, Nedjm ed-Din
ben Mouçal, lui avait envoyé en ambassade le
fameux Édrisi ou El Edrissy d'Alep, plus tard
devenu si célèbre comme le premier géographe
de son temps (1), pour l'assurer de tout son
appui, lui promettant d'aller le joindre avec d'importants renforts et tout un matériel de guerre
placé sous la conduite d'un neveu du jurisconsulte Ibn-Auf, mais, pour diverses raisons, ces
espérances ne se réalisèrent point. Il est vrai que

(1) Voy. la description d'Alexandrie par ÉDRISI, éd. Jaubert,
dans *Rec. de la Soc. de Géogr.*, 1836, V, pp. 297-301.

le neveu d'Ibn-Auf parut déjà au camp de Gizeh avec ses armes et ses machines de jet, deux jours seulement après l'arrivée d'Édrisi, mais en même temps la nouvelle arriva que Schawer et ses alliés francs s'apprêtaient à attaquer l'armée de Syrie.

Il avait donc fallu abandonner précipitamment Gizeh et remonter à marches forcées la vallée du Nil dans la direction de la Haute Égypte. Édrisi dit expressément que Schirkoûh faillit être surpris à Gizeh. Il n'eut que le temps de faire filer ses troupes vers le sud en abandonnant à l'ennemi tous ses gros bagages, ses tentes, ses cantines. Ce fut de nuit, à la lueur des torches, qu'eut lieu cette fuite mal déguisée et que l'armée de Syrie reprit ainsi de nouveau la route de la Haute Égypte. La poursuite fut si vive que chaque fois que les soldats de Schirkoûh tentaient de s'arrêter pour reprendre haleine, ils devaient se remettre en marche sur-le-champ.

Schirkoûh, dans cette retraite précipitée, ne s'arrêta qu'à Daldjah (1), bourg sur la rive occi-

____

(1) Wüstenfeld, *op. cit.,* p. 334, dit « à el Bâbein ».

dentale du Nil, assez loin du fleuve, à peu de distance des ruines d'Aschmounéïn, l'antique Hermopolis Magna. Et s'il s'y arrêta, c'était parce que l'ennemi, qui l'y avait précédé, lui barrait la route. Il donna Daldjah en pillage à ses troupes.

Amaury, on l'a vu, avait laissé ses bagages et son camp sous la garde de son infanterie. Lui-même, avec toute sa cavalerie, remontant la rive gauche du Nil, avait suivi à la piste, sur le sable, l'armée syrienne. Il l'atteignit enfin après trois longs jours de poursuite (1) un peu au sud de cette localité de Daldjah, proche d'el Bâbein que Guillaume de Tyr appelle « Beben » (2), dans le district de Munja Banu Chuçeib. C'était le 18 mars 1167 (3). Il n'y avait pas une minute à perdre. Chrétiens et Égyptiens, dans un bref

(1) Guillaume de Tyr, *op. cit.*, p. 954.

(2) Il traduit ce nom par l'expression *Porte étroite des collines.* — Aboulféda nomme le lieu du combat *Abran.* — Guillaume de Tyr ajoute que « Lamonia » ou « Lamonie » (Alminie), par le nom de laquelle quelques-uns désignent cette bataille, est à dix milles de là. Voy. Quatremère, *op. cit.*, pp. 243 sqq.

(3) Dimanche avant *Lætare*? Samedi de la mi-carême? Sur cette date, voy. Röhricht, *op. cit.*, note 3 de la p. 325.

conseil, décidèrent d'attaquer sur-le-champ l'armée syrienne en retraite pour empêcher Schirkoûh de fuir encore plus loin, « ne voulant pas être venus à de telles distances pour rien ».

Schirkoûh, forcé d'accepter la bataille dans ces conditions très désavantageuses, se désolait, disent les auteurs arabes, de l'infériorité du nombre et de l'armement de ses guerriers, aussi du zèle pieux, de l'enthousiasme qui animaient les soldats ennemis, dont la majorité étaient non pas chrétiens, mais bien Égyptiens de l'armée de Schawer. Guillaume de Tyr, tout au contraire, dit que la partie était inégale pour les alliés. D'après lui, Schirkoûh avait sous ses ordres plus de douze mille Turks, c'est-à-dire douze mille soldats syriens, dont neuf mille cavaliers, cuirassés de maille, eux et leurs chevaux, et trois mille archers, plus dix à douze mille Bédouins, « qui tous avaient leur bon glaive ». Les chrétiens, au contraire, n'étaient que trois cent soixante-quatorze chevaliers (1),

---

(1) « Cinq cents », dans un autre passage.

plus quatre à cinq mille hommes de pied et quelques milliers de Turkopoules et d'Égyptiens. Ces derniers, qui faisaient partie de l'armée de Schawer, « étaient, dit le chroniqueur, soldats mols et mauvès qui ne tinrent guères et firent aux chrétiens plus d'encombrement que d'aide (1). »

Schirkoûh n'en était pas moins décidé à accepter le combat. Ce n'était point, par contre, la pensée de son conseil. A l'unanimité, ses lieutenants, considérant le terrain découvert si défavorable à la lutte, la fatigue extrême, le découragement des soldats en pleine retraite, dans un pays très hostile, étaient d'avis d'éviter soigneusement tout contact avec l'ennemi et de continuer à battre en retraite le plus rapidement possible, d'abord en franchissant le Nil, puis en descendant le long de sa rive orientale pour tâcher de regagner la Syrie. C'était en somme la fuite, une fuite non déguisée, qui

(1) Aboulfaradj donne dix mille hommes aux chrétiens et à Schirkoûh seulement deux mille cavaliers. — Suivant la *Vita Bernhardi*, Schirkoûh avait trois mille Bédouins et quatorze mille Turks, Amaury seulement trois cents chevaliers.

semblait à tous ces vaillants le seul moyen de salut, fuite vers la Syrie, « car qui peut nous protéger ici où tous, soldats, habitants des villes et paysans, sont nos ennemis ». On en était là dans le conseil lorsque Scheref ed-Dîn Bargasch, gouverneur de la forteresse syrienne de Schakif, un des plus fidèles mamelouks de Nour ed-Dîn, se levant soudain, prit la parole et, dans un langage enflammé, s'efforça de relever le courage des autres émirs (1). « Celui qui craint la mort ou les fers, s'écriat-il, n'est pas digne de servir les rois! Il ferait mieux de rester dans sa maison avec ses femmes ou bien d'aller cultiver son champ. Pardieu, si nous retournions auprès de Nour ed-Dîn sans victoire et sans excuse, il nous ôterait les terres qu'il nous a données et tout ce que nous avons reçu de lui depuis que nous sommes à son service, et nous dirait avec vérité : « Quoi, vous « jouissez des biens de l'Islamisme et vous « fuyez devant ses ennemis? Vous abandonnez

(1) Voy. son discours dans Wüstenfeld, *op. cit.*, p. 335.

« aux Infidèles un pays tel que l'Égypte! »

Le neveu aussi du vizir, le fils de son frère, celui qui devait être le fameux Saladin, tout jeune encore à ce moment, opina dans le même sens. Schirkoûh alors de s'écrier en louant Bargasch : « Cet homme est dans le vrai, et ainsi je me conduirai. » L'appui de Saladin et du grand chef entraîna beaucoup de suffrages et finit par emporter le vote de l'assistance un moment auparavant encore si hésitante. Il fut décidé qu'on accepterait immédiatement le combat.

Schirkoûh, dit Guillaume de Tyr, était tenu admirablement au courant des dispositions des chefs chrétiens. Il sut donc parfaitement disposer ses troupes qu'il harangua avec sa fougue habituelle (1). En quelques paroles ardentes il leur promit la victoire. Il disposa ses deux ailes à droite et à gauche sur des dunes sablonneuses. L'élite de sa garde avec tous les bagages occupa le centre. De

(1) Sur la bataille d'Aschmounéïn, voy. REINAUD, *op. cit.*, pp. 124 sqq., et WÜSTENFELD, *op. cit.*, pp. 33 sqq.

cette manière ceux-ci ne risqueraient pas d'être pillés sur les derrières de l'armée. En même temps Schirkoûh obtenait un front plus étendu et évitait d'être débordé. Ce second point était pour le généralissime syrien le plus important. Il était convaincu que jamais les chrétiens ne parviendraient à escalader ces hautes dunes à pentes très raides dans du sable absolument mouvant. Il prescrivit à Saladin, qui comman·dait le centre, au cas où les Francs, dans la croyance que lui-même se trouvait en ce point (1), l'attaqueraient, de paraître céder d'abord à leur effort, mais, aussitôt que l'ennemi serait bien lancé dans sa poursuite, de faire subitement volte-face et de se précipiter à son tour sur lui. C'était l'éternel piège qui avait si souvent réussi et devait encore si souvent réussir en ces luttes du moyen âge orien·tal, si fécondes en surprises soudaines. Schir·koûh, avec ses plus fidèles émirs, ses soldats les plus vaillants, dont il connaissait l'audace et

(1) Et de fait, Guillaume de Tyr dit qu'ils le crurent. — Voy. Röhricht, *op. cit.*, p. 20, note 2.

le sang-froid, se plaça à l'aile droite. Le terrain du combat, aux confins de la terre cultivée et du désert, était fort inégal, fait de hautes dunes de sable entrecoupées de vallons quasi-mouvants, si bien que les combattants ne pouvaient apercevoir de loin ni ceux qui leur venaient sus ni ceux qui s'éloignaient.

Ce que Schirkoûh avait si habilement prévu se réalisa exactement. Les Francs étaient plus exercés et mieux armés que leurs adversaires. Leurs chefs leur avaient dit de ne point s'effrayer de toute cette multitude de combattants « qui rien ne valaient » !

Piquant des éperons, ils se précipitèrent avec leur fougue accoutumée sur le centre ennemi, le roi Amaury galopant intrépidement en tête avec toutes ses bannières. Le choc fut furieux. En un clin d'œil, après une légère résistance, les guerriers syriens commencèrent à plier, mais sans rompre les rangs et se mirent à fuir « sans que l'un regardât l'autre ». A ce moment même Schirkoûh tombait avec son aile droite sur l'aile gauche chrétienne qui lui faisait face

et qui venait de se trouver subitement découverte et isolée par la marche en avant des chevaliers du centre. Cette aile céda misérable-
ment. Ce fut une grande déroute et un grand
massacre. Tout ce qui ne fut pas tué ou ne sut
pas fuir assez promptement fut fait prisonnier.
Lorsque les chevaliers vainqueurs au centre
revinrent en arrière harassés de leur poursuite,
ils trouvèrent leurs gens de pied morts, captifs
ou dispersés. Force leur fut de fuir également
devant un ennemi, hélas, trop nombreux. Le
massacre recommença. Ici tombèrent Hugues
de Creona de Sicile et le bon chevalier Eus-
tache Cholet de Pontigny. Ici furent faits prisonniers Hugues de Césarée et Arnoulf de
Tell-Bâscher. L'évêque Raoul de Bethléem (1)
fut grièvement blessé et perdit tout son bagage
dans la bagarre. Ceux qui ne furent pas tués
ou pris durent leur salut à une folle fuite à travers les vallons séparant les montagnes de
sable. Ceux qui combattaient dans une vallée

(1) Voy. Röhricht, *op. cit.*, p. 20, 4.

ne savaient pas ce qui se faisait dans l'autre.

Alors les Turks, orgueilleux de leur complète victoire si imprévue sur cette belle « bataille », se jetèrent en masse sur les bagages de l'armée franque. Il n'y eut qu'une faible tentative de résistance. L'assaut furieux de ces masses de cavaliers l'emporta promptement. Une fois les gardes du camp égorgés, les vainqueurs enlevèrent tous les bagages, toutes les bêtes de somme. Grâce à la disposition très particulière du terrain, ce sanglant épisode ne fut connu que de ceux qui y prirent part. Les autres ne virent rien, ne surent rien.

Partout ainsi on se battait avec des chances diverses dans autant de luttes distinctes, chacun ignorant ce qui se faisait un peu plus loin, chaque groupe croyant tour à tour son parti définitivement vainqueur ou vaincu. Tous ces milliers d'hommes s'entretuèrent ainsi, incertains de la victoire, jusqu'à ce que le soleil couchant et la nuit tombante vinrent forcer les guerriers des deux camps à regagner leurs points de ralliement réciproques. Dans l'armée chrétienne on fit sonner les bussines et les guerriers du Christ se groupèrent en foule, mornes et accablés, autour de leur vaillant prince.

Amaury, par miracle, avait évité d'être fait prisonnier lors de la déroute de sa chevalerie (1). Au dire de Guillaume de Tyr, il avait même fini par demeurer vainqueur sur l'emplacement où il luttait depuis le matin à la tête d'une petite troupe de fidèles. Le soir venu, il avait fait planter sa bannière en signe de ralliement sur une des plus hautes dunes et recueilli ainsi quelques bandes de ses guerriers dispersés. Ce noyau de combattants aperçut alors groupés sur deux autres collines de nombreux détachements ennemis, justement ceux qui

(1) Voy. RÖHRICHT, *op. cit.*, p. 327, note 1. La *Vita S. Bernhardi* raconte que saint Bernard était apparu au roi avant la bataille de Lamonie et l'avait tancé comme porteur indigne d'une relique de la Vraie Croix. Puis, Amaury ayant fait amende honorable, le saint aurait béni la pieuse relique suspendue au cou du roi, lui aurait donné des paroles d'encouragement et lui aurait promis la victoire. Au milieu du combat le roi aurait juré, s'il sortait de ce péril, d'envoyer la relique à Clairvaux. Ayant échappé à la captivité, il exécuta son vœu.

10

avaient procédé au pillage des bagages de l'armée chrétienne. Ils avaient pris cette position pour barrer aux chrétiens la ligne de retraite qui passait précisément entre ces deux collines. Comme il n'y avait pas d'autre issue possible, il fallut bien tenter de forcer le passage. Les Francs, réunis en masse compacte, marchant à très petits pas, s'avancèrent contre les forces musulmanes. Celles-ci, peu nombreuses sur ce point, n'opposèrent qu'une faible résistance. Ainsi ces groupes attardés traversèrent sans avarie cette passe si périlleuse. Après avoir franchi à gué un bras du fleuve et laissé une arrière-garde pour garder le passage, ils réussirent à rejoindre le gros de l'armée.

Finalement la victoire était demeurée incertaine comme si souvent en ces luttes étranges du moyen âge oriental. L'armée chrétienne avec ses alliés sarrasins battit toute la nuit en retraite jusqu'à ce qu'elle eût atteint la localité de Monyet ibn Khâcib (1). Ici elle fut rejointe par

---

(1) RÖHRICHT, *op. cit.*, p. 327; Lamonie. — C'est une bourgade de la province d'Aschmounéïn. L'orthographe indiquée

Gérard de Pougy et Mahada, un des fils de Schawer, avec cinquante chevaliers et cent Turkoples. Ceux-là, on s'en souvient, avaient été détachés sur l'autre rive du Nil pour empêcher en ce point le passage du fleuve par Schirkoûh. Ce fut un grand soulagement pour le roi Amaury qui tremblait d'apprendre que ce petit groupe avait été détruit par des forces supérieures sur l'une ou l'autre des rives du fleuve.

Dans ce « château de Lamonie », ainsi que Guillaume de Tyr nomme cette localité de Monyet, le roi Amaury s'arrêta trois jours attendant anxieusement l'arrivée de son infanterie demeurée fort en arrière sous la conduite du prudent Josselin de Samosate. Le quatrième jour seulement, à la tête de sa petite armée ralliée et réorganisée, il s'en retourna au Kaire. Il y établit ses quartiers en avant de la ville, à proximité du grand camp. A l'appel on constata l'absence de cent chevaliers, alors que les

par Yakout est Monyet Abi'l Khoçaïb. C'est, dit ce géographe, une ville grande, belle et peuplée sur le Nil, dans la partie basse du Sa'ïd.

pertes de l'ennemi furent estimées à mille cinq cents hommes.

A cette époque infiniment chevaleresque des Croisades, les chevaliers francs et les émirs musulmans, loin de se mépriser, professaient pour leur valeur réciproque la plus grande admiration. Le vieil émir Ousâma, dont M. Derenbourg nous a redit l'autobiographie si passionnante, qui combattit les Francs de Syrie durant une grande partie du douzième siècle, parle de ses adversaires avec le plus grand respect, tout en observant à leur égard les sentiments de haine que tout combattant pour la Foi devait aux adversaires maudits du Coran. « J'ai lutté avec les Francs, s'écrie-t-il fièrement, dans des combats et sur des terrains si nombreux que je ne puis les compter. » Ces souvenirs provoquent chez lui la réflexion suivante : « L'esprit de sagesse est plus efficace dans la guerre que l'intrépidité. » Il ajoute : « Jamais je n'ai vu les Francs, après nous avoir mis en déroute, s'acharner à nous poursuivre. Leurs cavaliers ne dépassent pas le trot et la marche régulière, par crainte d'un artifice qui réussirait contre eux. »

« Ousâma, poursuit M. Derenbourg, ne ménage pas son admiration pour cette tactique prudente des Francs, les premiers hommes pour se tenir sur leurs gardes dans la guerre. Il constate, non sans regret, combien leurs chefs excellent à éviter le combat, lorsqu'il leur est offert dans des conditions d'infériorité pour leurs troupes, au grand désespoir de ceux qui les avaient provoqués et harcelés dans l'espoir de lasser leur patience. Mais cette temporisation et cette circonspection, ce souci d'abandonner à l'ennemi l'initiative de l'attaque, n'excluent pas la bravoure de ces gens intrépides, bien équipés, couverts de la tête aux pieds de cottes de mailles franques, récompensés par une solde de deux dinârs par mois, solde égale à celle de cent musulmans. Ils se jetteraient tête baissée dans les dangers, s'ils n'étaient contenus par une direction intelligente qui met un frein à leur témérité. La valeur des hommes ne tarderait pas autrement à dégénérer en bestialité. »

« Quiconque, dit Ousâma, est au courant des qualités des Francs, est porté à glorifier et à sanctifier Allah le Tout-Puissant. Car il a vu en eux des bêtes qui ont la supériorité du courage et de l'ardeur au combat, mais aucune autre, de même que les animaux ont la supériorité de la force et de l'agression. » Dans un autre passage, Ousâma exprime cette même idée, mais en s'abstenant de toute comparaison blessante : « Les Francs, dit-il, ne possèdent aucune des hautes qualités qui font la supériorité des autres hommes, à l'exception de la bravoure. »

Il existe dans les récits des chroniqueurs musulmans de nombreux autres témoignages en faveur de la valeur des guerriers francs de l'époque des Croisades (1).

Revenons aux belligérants. Schirkoûh, de son côté, après avoir rallié ses forces, avait quitté clandestinement cette localité d'el Bâ-

(1) Voy. Derenbourg, *op. cit.*, p. 471, note 2.

bein où la victoire était demeurée jusqu'à la fin si douteuse. Descendant la vallée du Nil, à travers le Fayoum, tout le long de la lisière du désert lybique, sans que les Francs en fussent informés, il s'en vint après cette longue marche jusqu'à la grande cité d'Alexandrie, qui, le croyant définitivement vainqueur, lui ouvrit aussitôt ses portes. Il traînait après lui de nombreux blessés et de plus nombreux prisonniers. Tout le long de la route il avait levé les contributions publiques. Il occupa le château et y incarcéra les Francs qui étaient tombés entre ses mains, puis il nomma Saladin, gouverneur de la ville avec un corps d'armée, et Ibn Zobair, chef du divan, installa le mieux qu'il put ses malades et ses éclopés et se fit prêter serment de fidélité par la population.

Cependant le roi Amaury avait été violemment irrité par la nouvelle qui lui était parvenue trop tardivement de cette marche de l'ennemi sur Alexandrie. A la suite d'un conseil suprême de tous les chefs francs, il s'était jeté avec toutes ses forces disponibles et celles de son allié sur les pas de l'armée syrienne. Arrivé à son tour sous les murs de la grande cité maritime, il résolut d'essayer de la prendre par la famine, parce qu'il n'avait pas assez de monde pour tenter de suite l'assaut. Il établit donc son camp entre les deux localités de Taroudscha et de Damanhour et fit ravager la campagne environnante par des corps détachés si vigilants « qu'ils ne laissaient pas entrer une bête vivante ou morte dans Alexandrie. » En même temps, la flotte franque, qui avait rallié l'armée en ce point, empêchait du côté de la mer toute tentative de ravitaillement. Un mois entier Alexandrie demeura ainsi étroitement bloquée de toutes parts par les forces franques. La famine commença à se faire sentir et le peuple à murmurer. Alors Schirkoûh, voyant que ses soldats allaient périr, laissant un gros de mille cavaliers avec Saladin dans la place, se résolut à en sortir. De nuit, secrètement, à marches forcées, abandonnant Alexandrie à ses propres forces, passant à très courte distance du camp d'Amaury, il réussit à s'évader, sans être aperçu des vedettes franques. Il reprit alors, en sens inverse, avec tout le reste de ses forces, son ancienne route de la Haute Égypte, le long de la lisière du désert, et s'en alla assiéger sans succès la cité de Koûs.

Amaury, avisé seulement au matin de cette fuite nocturne de Schirkoûh, s'était d'abord jeté à sa poursuite, mais, une fois parvenu dans la banlieue même du Kaire, au moment d'aller plus avant, il s'était laissé persuader par un émir égyptien que Guillaume de Tyr nomme « Ben Ercarselle ou « Bernier Kasele » de retourner en arrière cette fois encore. Celui-ci venait de lui jurer que, par l'aide des parents qu'il avait dans Alexandrie et qui y étaient fort influents, cette ville livrée à toutes les horreurs de la famine lui serait d'une proie facile. Le conseil de l'armée, Schawer aussi tout particulièrement, furent d'avis d'écouter cet homme. Ainsi Schirkoûh et ses soldats demeurèrent en paisible possession de la Haute Égypte jusqu'à la fin du mois de juin de l'an 1167 et Amaury avec les deux armées franque et égyptienne reparut une fois de plus sous les hauts remparts d'Alexandrie.

Ce siège d'Alexandrie, illustré par l'opiniâtre défense de Saladin, alors tout au début de sa glorieuse carrière, est demeuré un des plus célèbres épisodes de l'époque des Croisades si fertile en ce genre de grandes opérations militaires. L'armée coalisée franco-égyptienne tint encore soixante-quinze jours durant la grande cité étroitement bloquée. Comme on comptait sur une très prochaine reddition et que le bruit s'en était répandu par tout le royaume de Terre-Sainte, de nombreux groupes de nouveaux combattants avides de butin accouraient constamment renforcer les forces assiégeantes sous la conduite des plus illustres barons du royaume.

Tous ces nouveaux venus étaient placés sous la haute direction de l'archevêque Frédéric de Tyr (1). On conçoit avec quelle joie les assiégeants accueillirent ces précieux renforts. Mal-

(1) Ce prélat eut pour successeur, sur son trône épiscopal, le fameux historien de la Croisade.

heureusement, après fort peu de temps, l'archevêque tomba si gravement malade de la dysenterie causée par l'eau du Nil qu'il dut retourner en hâte en Syrie.

Les proches alentours de la ville assiégée furent une fois de plus effroyablement dévastés. Tous les nombreux jardins, les superbes vergers dont s'enorgueillissait la banlieue d'Alexandrie furent détruits, tous les arbres par milliers coupés au pied, les moissons incendiées tandis que du haut d'un puissant château de bois qu'on voyait de partout, fait de débris de navires mis en pièces, une foule de machines de jet : « pierrières, mangoniaux, chaables et turquoises », jetaient dans la dolente cité la mort et la destruction sous la forme d'une pluie incessante de quartiers de roc, de pierres et d'autres projectiles. Ainsi les assiégeants ne cessaient d'inquiéter cette riche et nombreuse population de marchands si mal préparée aux horreurs de la guerre, si peu rompue au dur métier des armes. A chaque instant, de furieux assauts venaient aggraver cet état de choses

déjà si douloureux. La garnison turque laissée
à Saladin par Schirkoûh était une force plus
redoutable, mais son petit nombre, la défiance
que lui inspiraient les sentiments de découragement de la population civile, la paralysaient
littéralement. Chaque jour augmentait la somme
des maux innombrables qui accablaient les
assiégés. Il leur fallait passer toutes leurs nuits
sur le rempart, exposés à chaque minute au jet
incessant de ces milliers de projectiles. La famine surtout les torturait. La population civile,
exaspérée par tant de souffrances, ne parlait
que de chasser de la cité ces miliciens étrangers
qui étaient venus de propos délibéré lui apporter toutes les horreurs d'une guerre sans merci
succédant à de si longues années d'une paix
profonde. De leur côté, les chefs de l'armée
assiégeante, le roi Amaury et Schawer ne négli-
geaient rien pour soutenir en ces dures épreuves
le courage de leurs guerriers, ni les distributions
de présents, ni les paroles encourageantes. Les
guerriers pisans se distinguaient entre tous par
leur courage, surtout par leur habileté extrême

à construire des machines de siège. Et cependant la ville s'étendait sur un si grand espace, la ligne des murailles occupait une étendue si considérable que plus le siège se prolongeait, plus se faisait petit l'espoir de pouvoir prendre de vive force une aussi vaste enceinte.

Les bourgeois d'Alexandrie, je l'ai dit déjà, population essentiellement commerçante, résolument hostile à la guerre, décimés par la faim, par la peste, ne songeaient qu'à retrouver à n'importe quel prix l'état de paix d'où on les avait si cruellement, si inopinément fait sortir. Mais Saladin, fidèlement averti de ces murmures et de ces secrètes tendances, non content de soutenir le courage de ses soldats par d'infatigables exhortations et la promesse d'un secours prochain, réussit à avertir Schirkoûh de l'extrémité dans laquelle il se trouvait. « Si tu n'accours, lui mandait-il, la famine et la sédition m'auront bientôt acculé à une capitulation ». En même temps, il s'efforçait chaque jour par de bonnes paroles de calmer l'exaspération de la population civile. D'heure en heure, cependant, la situation devenait plus aiguë. Amaury, tenu au courant des progrès du mécontentement dans la cité, pressait le siège toujours plus âprement. Machines de guerre, arbalétriers, archers couvraient jour et nuit la ville d'une nuée de projectiles sans trêve ni repos. Schawer aussi parcourait sans cesse les rangs des assiégeants, payant royalement la dépense pour les nouveaux engins, stimulant le zèle des constructeurs par des dons en argent, encourageant et récompensant le zèle de chacun.

Quant à Schirkoûh, dès son arrivée dans la Haute Égypte, il y avait levé des sommes considérables et y avait prolongé son séjour jusqu'au jeûne du Ramadhan. Enfin, pressé par les instants messages de son neveu Saladin, il se décida à abandonner le siège de la ville de Koûs qu'il ne parvenait pas à prendre et qui fut trop heureuse de se racheter et reprit la route du nord, entraînant à sa suite un grand nombre d'Arabes et d'habitants du Sa'îd qui avaient pris parti pour lui, levant encore tout le long de sa route des impôts en nature et en argent. Comme il passait à la hauteur du Kaire, il trouva devant lui Hugues d'Ibelin, que le roi Amaury avait laissé là, on s'en souvient, pour la défense de cette place et du fameux pont.

Le chef franc commandait à des forces importantes. Schirkoûh, qui avait établi son camp au mont Karâfa, à côté de Birket el-habasch, à une petite distance de Fostat, n'osant se mesurer avec Hugues, ni tenter d'assiéger le Kaire, ni même chercher à dégager Alexandrie, se résigna à entamer des négociations de paix avec le roi Amaury. Il prévoyait bien que le prince franc était tout comme lui fatigué de guerroyer si péniblement en Égypte et cette pensée jointe aux nouvelles reçues de Syrie l'encourageait. On avait tout récemment appris que Nour ed-Dîn s'était à nouveau jeté sur les frontières du royaume chrétien et s'était emparé déjà de plusieurs forteresses (1).

Schirkoûh fit appeler un de ses captifs de

(1) Voy. Röhricht, *op. cit.*, p. 329, note 1.

marque, « Huon de Césaire », c'est-à-dire Hugues de Césarée. Comme l'émir était homme sage et courtois, dit Guillaume de Tyr, il parla très débonnairement au seigneur franc. Voici quelle fut la fin de son discours : « Va dire à ton roi de ma part, dit-il à Hugues de Césarée, que nous perdons tous deux ici notre temps et notre peine sans honneur et sans profit. Je ne sais que trop combien de soucis le rappellent en sa terre. S'il veut bien considérer les choses avec soin, il s'apercevra clairement que lorsqu'il m'aura chassé de ce royaume d'Égypte, il n'aura travaillé que pour les Égyptiens qui sont les pires et les plus misérables gens de la terre. Pour arriver à un tel résultat, il n'est vraiment pas nécessaire qu'un prince aussi sage se donne tant de peine. C'est pourquoi je te prie de lui faire savoir de ma part que, s'il consent à lever le siège d'Alexandrie et à nous rendre tous les prisonniers qu'il nous a faits, s'il s'engage de plus à ne pas inquiéter ma retraite, je m'engagerai de mon côté à regagner la Syrie avec toute mon armée après lui avoir de même restitué tous mes prisonniers. »

Quand Huon de Césaire, poursuit Guillaume de Tyr, eut entendu ces sages paroles, il demeura longtemps pensif et muet. Puis il dit à Schirkoûh qu'il se trouvait peu qualifié pour porter ces ouvertures au roi. Il craignait, en effet, que ses compatriotes ne vissent dans la chaleur qu'il mettrait à soutenir ces propositions, un trop vif désir de voir arriver le terme de sa captivité. Bref, ce fut un autre parmi les notables prisonniers de Schirkoûh, Arnoulf de TellBâscher, qui finit par porter au roi les premières propositions de paix. Celles-ci ayant été acceptées en principe par le roi franc, Huon de Césaire fut définitivement chargé de terminer les négociations. Les deux partis étaient également épuisés, également impatients d'en finir. Aussi les choses marchèrent vite. Le roi donna de suite sa parole et les hostilités furent suspendues. Il s'établit immédiatement des relations très amicales entre assiégeants et assiégés, et le roi Amaury, pour honorer le courage de l'in trépide gouverneur de la ville, lui donna une garde d'honneur.

« L'on fit crier le ban en l'ost, dit Guillaume de Tyr, que nul ne fut si hardi qu'il fît nul mal à ceux d'Alexandrie, ainsi fit-on ceux de dedans venir dehors, tout sûrement, si ils le voulaient. Ceux-ci, qui longuement avaient été assiégés, eurent grand désir d'aller s'ébattre hors de la cité et en sortirent pour aller voir l'ost de France. Mout regardaient volontiers ceux qu'ils avaient tant redoutés et s'entretenaient avec eux des incidents du siège. Ils trouvèrent grand planté de viandes fraîches qui leur avaient fait si cruellement défaut. Volontiers en prirent et s'en rafraîchirent. Quant à nos gens qui s'étaient donné tant de mal pour prendre la cité, ils eurent la liberté de pénétrer tout à leur gré dans la ville. Premièrement, ils contemplèrent le dommage des murs et des maisons que leurs engins avaient fait. Après se dirigèrent vers la marine et se délectaient de voir les ports de mer. Mout cherchaient attentivement par la cité tous les lieux dont ils avaient ouï parler.

Ainsi que je vous l'ai dit plus haut, il y avait tout auprès de la ville une tour fort haute qui avait nom Pharos — c'était là le Phare célèbre en marbre blanc, une des sept merveilles du monde, qui, après tant d'années d'existence, ne devait s'écrouler qu'au commencement du quatorzième siècle. — « Sur cette tour on allumait, lors des nuits obscures, de grands et clairs feux de brandons, pour que les nefs qui étaient en mer pussent se diriger de ce côté, car la mer est moult périlleuse près de la ville, et si l'on ne connaissait bien les entrées, bien pourraient avoir dommage ceux qui là viennent. Dessus cette haute tour fut mise la bannière du roi en signe de victoire. Quand les habitants d'Alexandrie l'aperçurent là-haut, ils en eurent une définitive assurance de paix qui les remplit de joie. Ils s'enhardirent alors à s'approcher de nos pavillons et contemplèrent paisiblement ces gens dont ils avaient eu si grand'peur. Ils s'émerveillaient surtout de voir notre petit nombre et combien si peu de guerriers les avaient si angoisseusement étreints dans leur ville et contraints à faire la paix qu'ils voulaient, car, lorsqu'on fit le compte des nôtres sous Alexandrie on ne trouva que cinq cents gens de cheval. Les gens de pied n'étaient guères plus de quatre mille. Dans la ville, au contraire, pendant toute la durée du siège, il y avait eu constamment bien cinquante mille Turks en état de porter les armes. »

Je trouve ce récit de l'évêque de Tyr plein d'une étrange saveur. Voyez-vous cette glorieuse petite troupe de quatre mille cinq cents guerriers assiégeant et prenant cette immense et forte cité défendue par cinquante mille combattants aguerris? Voyez-vous la bannière fameuse de la Croisade, l'étendard du saint royaume de Jérusalem flottant victorieusement sur le faîte de cette tour fameuse, le plus célèbre peut-être des monuments de l'antiquité! Quel contraste émouvant! Qui eût dit aux lettrés raffinés de l'Alexandrie antique qu'un jour viendrait où un de ces barbares gaulois, venu d'Occident pour régner sur la lointaine patrie terrestre de ce Christ tant bafoué par eux, accrocherait son glorieux étendard blasonné de la croix chrétienne aux plus hauts créneaux de ce Phare dont ils étaient si fiers!

Saladin, dans son entrevue dernière avec le roi Amaury et son allié Schawer, avait expressément réclamé pleine et entière amnistie pour tous les bourgeois de la ville et autres partisans de Schirkoûh. Amaury, pour ce qui le regardait, avait juré de tenir loyalement cette promesse. Schawer, tout au contraire, lorsque la ville eût été définitivement livrée aux vainqueurs dans la journée du 4 août 1167, fit durement sentir à ceux qui s'étaient compromis contre lui le poids de sa terrible vengeance. « Le Soudan, dit Guillaume de Tyr, fit sonner ses trompes et ses tabors et prit grand compagnie de gens armés; les portes de la ville fit ouvrir et y entra en vainqueur « à grand bobant » et à grande solennité. Lors s'assit en la ville sur un siège en cortine de paille, les grands hommes de la cité fit venir devant lui, les uns condamna pour trahison, les autres épargna; mout noblement fit ses justices sur tous tel comme il lui plut. Après leva une grande somme sur le peuple de la ville et leur laissa un bailli et un prévot pour recevoir en son nom les impôts et pour rendre la justice. De ses hommes laissa les plus loyaux pour garder la forteresse. Quand il eut ainsi réglé les choses suivant sa volonté, il monta sur un grand dextrier et s'en retourna à grand fête rejoindre son ost. » — La vérité est que Schawer fit cruellement châtier les partisans de Schirkoûh, en particulier Nedjm ed-Dîn ben Mouçal. Il les fit arrêter et leur infligea les plus odieux traitements.

Au reçu de ces nouvelles, raconte Abou Chamah, Salah ed-Dîn s'aboucha avec le roi et lui dit : « Sache que Schawer a violé son serment. — « Comment cela ? », demanda le roi. — « Il a fait arrêter ceux qui s'étaient réfugiés auprès de nous ». — « Il n'en a pas le droit », répliqua Amaury. Et aussitôt, il envoya chez Schawer pour lui rappeler que la foi jurée l'obligeait à ne molester personne d'entre les habitants de Fostat et d'Alexandrie.

Lorsque, sur le désir de Schirkoûh, les malades et les blessés, parmi lesquels se trouvait l'illustre géographe Édrisi, eurent été embarqués pour la Syrie où on voulait les forcer à travailler comme prisonniers de guerre aux plantations de cannes à sucre, Amaury ordonna leur libération immédiate (1).

Après qu'Amaury eut touché pour sa part la somme considérable pour cette époque de cinquante mille pièces d'or, d'aucuns disent trente mille seulement, après qu'il eut soigneusement fait brûler ses machines de guerre, ses catapultes et ses châteaux de bois, il prit immédiatement la route du retour. Il ne s'arrêta que peu de jours au Kaire pour y rallier ceux de ses contingents qu'il avait laissés au camp sous cette ville. Puis il regagna directement la Palestine par la voie ordinaire du rivage, tandis qu'une autre partie de ses forces prenait la voie

(1) « Je me trouvais parmi les passagers, raconte el Édrisi; à peine arrivions-nous dans le port d'Akka (Saint-Jean d'Acre) que nous fûmes pris et emprisonnés dans le pressoir aux cannes à sucre jusqu'à la venue du roi Amaury, qui nous rendit la liberté; nous nous dirigeâmes ensuite vers Damas. »

de la mer. Le 20 août 1167 le jeune souverain
était déjà arrivé à Ascalon, première grande
forteresse chrétienne en ces parages. Sa flotte
fut de retour à la même époque environ. Shirkoûh, riche des taxes considérables levées par
lui en Égypte, quitta la vallée du Nil, le désespoir au cœur, dit Abou Chamah, car il avait
apprécié cette contrée, la richesse de son sol et
l'importance d'une telle conquête. Pour diminuer ses regrets, Nour ed-Dîn lui assigna en
fief le riche district de Homs en Syrie. Il arriva
de son côté à Damas le 5 septembre de cette
année marquée par de si hauts faits.

Une fois encore cet immense effort du
royaume chrétien de Jérusalem aboutissait à de
brillants succès, mais au plus stérile résultat
pratique. Ce ne devait pas être la dernière campagne du valeureux roi Amaury dans la vallée
du Nil !

CHAPITRE III

Le mois d'août de l'an 1167 durait encore
que l'on procéda en grande pompe, à Tyr, au
mariage du jeune souverain. On se rappelle
qu'aussitôt après son divorce forcé d'avec sa
première femme, Agnès de Courtenai, mère du
futur Baudouin IV et de la petite princesse
Sibylle, Amaury, sur l'avis de ses plus fidèles
barons, avait envoyé à Constantinople, en qualité d'ambassadeurs matrimoniaux, l'archevêque
de Césarée et son échanson Eudes ou Odon de

Saint Amand (1). Après une absence de deux années, les messagers revinrent précisément à l'époque où nous sommes arrivés, ramenant au roi, pour nouvelle épousée, une jeune princesse de la famille impériale byzantine, Marie Comnène, fille du protosébaste Jean Comnène et nièce du basileus régnant, Manuel Comnène. On aimerait à savoir quelques détails sur cette petite princesse élevée dans le luxe inouï du grand Palais impérial à Byzance, amenée ensuite de si loin en Syrie pour y régner dans cette étrange et rude petite cour franque de Jérusalem. On aimerait à la suivre en son pénible voyage, depuis le somptueux embarcadère de la Corne d'Or, tout en marbre, jusqu'à l'antique port de la cité phénicienne. On aimerait à l'entendre deviser en son parler grec avec l'évêque et le grand échanson latins, échanger avec eux des propos que l'ignorance réciproque de leurs langues maternelles devait rendre bien souvent inintelligibles. Hélas! rien

____

(1) Voy. p. 15.

au monde n'égale la sécheresse, la brève con-
cision des sources. Tout ce que nous savons,
c'est que les deux envoyés royaux furent
accompagnés, dans leur voyage de retour, de
deux très hauts personnages byzantins, deux
des principaux familiers de l'empereur, un
Paléologue et le sébastocrator Manuel Comnène, parent du basileus, chargés de remettre
l'impériale fiancée aux mains de son royal
époux. Amaury, à peine de retour de sa lointaine expédition d'Égypte, courut en hâte avec
une imposante escorte à la rencontre de la nouvelle petite reine. Déjà le 29 août, jour de la
fête de saint Jean-Baptiste, le mariage fut
célébré dans l'antique cathédrale de Tyr, le
patriarche Amaury officiant. Les solennités
furent entourées d'une pompe toute byzantine.
Le pays entier, fier de cette union qui valait au
petit royaume latin l'alliance du puissant basileus de Constantinople, était en liesse. Trois
jours plus tard, l'archevêque Frédéric de Tyr,
en présence et sur la demande du roi, nomma
archidiacre de cette église son futur successeur

Guillaume, l'illustre historien des Croisades, « qui mist puis ceste estoire en latin ».

L'année suivante n'était pas écoulée, que le roi de Jérusalem repartait pour une quatrième campagne d'Égypte à la tête de toute sa chevalerie ! Voici l'explication de ce grave événement : « Il avait été convenu entre les parties belligérantes, à la fin de l'expédition précédente, que chrétiens et musulmans rentreraient chacun chez eux et que l'Égypte jouirait d'une entière indépendance (1) Toutefois, comme le dit Ibn el Athîr, il avait été spécialement stipulé que l'armée franque, en se retirant, laisserait au Kaire un petit corps d'élite de cavalerie pour la garde des portes. C'était une précaution prise pour ôter à Nour ed-Dîn toute velléité d'entreprendre une nouvelle invasion de l'Égypte et à Schawer toute possibilité de s'emparer des portes par surprise. De plus, Schawer, on se le rappelle, s'était engagé à payer

(1) REINAUD, *op. cit.*, pp. 126, 127.

chaque année au roi Amaury un tribut fixe de cent mille dinârs, à la fois pour rémunérer les services des troupes franques et acheter leur retraite. Ce petit corps de troupes chrétiennes laissé au Kaire avait en outre pour mission de protéger les fonctionnaires royaux chargés de toucher annuellement ce subside (1). Il va sans dire que tous ces arrangements avaient été conclus par Schawer de sa seule autorité et à l'insu du Khalife, sans demander son assentiment. Ce malheureux prince, à ce moment âgé d'environ vingt ans, dépouillé de toute autorité, vivait plus que jamais enfermé dans son Palais, d'où il avait perdu toute communication avec le dehors. Telle était la situation véritable. En apparence, tout semblait définitivement arrangé. En réalité, Amaury comme Schirkoûh avaient, aussi bien l'un que l'autre, un égal désir fortement motivé de retourner en Égypte !

(1) Une véritable administration de fonctionnaires chrétiens destinée à percevoir cet impôt annuel avait été installée à cet effet et avait établi ses bureaux dans une rue voisine d'un des palais du Khalife.

Ibn Abou Taï rapporte que Schirkoûh avait prévu par une sorte de divination que les Francs feraient tôt ou tard une nouvelle tentative pour conquérir l'Égypte; c'est pourquoi, dit notre chroniqueur, il écrivit ces mots au roi Amaury : « Les Égyptiens exigent de toi la promesse que tu n'envahiras pas leurs terres et que tu ne leur feras aucun mal. » Le roi s'était d'abord refusé à cette exigence, puis, craignant que Schirkoûh et Schawer ne finissent par se liguer contre lui, il s'était engagé, nous l'avons vu, par serment, lui et ses barons, à ne plus reprendre les armes », mais ce serment n'avait été juré par lui que du bout des lèvres. Quant à Schirkoûh, il ne cessait d'avoir l'âme occupée de l'Égypte; constamment il songeait à la fertilité merveilleuse de son territoire, à la facilité qu'il y aurait à s'en emparer. Nour ed-Dîn seul avait sincèrement renoncé à cette conquête; aussi Schawer, qui avait eu d'abord l'idée de lui offrir, pour le gagner, un tribut annuel, lui écrivit à ce sujet une lettre flatteuse où il le remerciait de ses bons sentiments sans insister davantage.

L'influence prépondérante d'Amaury en Égypte semblait donc, à première vue, parfaitement assurée par l'état de division de ses adversaires et par la présence au Kaire de la petite garnison chrétienne dont j'ai parlé. En réalité, il n'en était rien. Et d'abord le traité qui avait fixé à la somme de cent mille dinârs le tribut à payer par l'Égypte ne fut jamais ratifié par le jeune Khalife. La valeur de cet accord ne dépendit plus en conséquence que du bon vouloir ou des embarras du vizir du moment. En outre, il se forma simultanément parmi les Égyptiens, quand bien même la presque totalité d'entre eux en qualité de Chiites portaient une haine extraordinaire à Nour ed-Dîn, protecteur et défenseur officiel de la Sunnah, un fort parti, sorte de parti national, qui considéra comme une honte insupportable de devoir obéir à un prince infidèle et qui, pour cette cause, sympathisait en secret avec l'Atâbek. Ce parti chercha obstinément alliance avec ce dernier et finit par atteindre son but. Le propre fils de Schawer, Schougâ al Kâmil, envoya un

émir en ambassade à Nour ed-Dîn, pour l'assurer de sa complète dépendance, même pour
s'engager au paiement d'un tribut annuel.

Nour ed-Dîn accueillit avec un empressement tout naturel ces ouvertures et les premiers envois d'argent de ces nouveaux partisans de son pouvoir. Plus tard, Al Kâmil, pour
une raison qui nous échappe, ne renouvela pas
ses subsides. Même il abandonna soudain à
nouveau l'amitié de l'Atâbek et fit dire au
Khalife, par le cadi El-Fâdhil Abd el-Rahîm
el-Beivâné, qu'il était encore préférable de
payer tribut aux Francs que de laisser les Turks
se rendre maîtres du pays et leur abandonner
tout le pouvoir. Nous ignorons, je le répète,
quel fut le mobile vrai de ce brusque change-
ment, mais il est bien douteux cependant que
les secrètes sympathies du vizir, de son fils et
de leurs partisans allassent réellement plutôt
aux infidèles qu'à l'Atâbek.

Les sources orientales racontent avec amer-
tume que les fonctionnaires francs laissés au
Kaire pour lever le tribut annuel de cent mille

dinârs, avec la petite garnison de cavalerie qui tenait les portes de la ville, exaspéraient les habitants par leurs incessants dénis de justice. Ils étaient logés dans une maison de la rue attenante au Palais et levaient eux-mêmes l'impôt avec la plus extrême brutalité. Ces iniquités ne faisaient, disent ces sources, que fortifier les Égyptiens dans la conviction de l'incompatibilité absolue existant entre les deux religions et de l'accablante dépendance dans laquelle leur pays se trouvait sous le talon des ennemis de leur foi.

Bref, les résidants chrétiens du Kaire, ou bien parce qu'ils estimaient prudent de prévenir par une action rapide l'explosion d'une révolte véritable, ou bien parce qu'ils croyaient qu'il serait très facile de parachever l'œuvre des précédentes expéditions en amenant de suite la soumission absolue de l'Égypte, implorèrent le retour immédiat d'Amaury.

Le jeune souverain repoussa d'abord ces avances, persuadé qu'une nouvelle invasion franque aurait pour résultat unique de jeter définitivement les Égyptiens dans les bras de Nour ed-Dîn, ce qui représenterait pour le royaume de Terre Sainte le plus grand des périls, mais la majorité du conseil du royaume fut d'un avis très différent (1). Aussi Amaury finit-il par céder au sentiment public. Il devait bientôt amèrement regretter cette faiblesse.

Durant que le roi de Jérusalem laissait habilement se répandre le bruit qu'il préparait une expédition contre la grande cité syrienne de Homs (2), l'antique Emèse, les préparatifs de la nouvelle campagne d'Égypte furent fièvreusement poursuivis par tout le royaume. Cette information d'un chroniqueur arabe très digne de foi, Ibn el Athîr, se trouve confirmée et complétée par celle d'Ibn Abou Taï que j'ai rapportée à la page précédente et qui nous montre à quel point Schirkoûh était depuis longtemps au courant des intentions secrètes du roi. Tout

(1) Voyez le colloque à ce sujet entre le roi et ses barons dans *Le Livre des deux Jardins* d'ABOU CHAMAH, *Hist. or. des Cr.*, t. IV, p. 113, et aussi dans le *Kamel Alltevarykh* d'IBN EL ATHIR, *ibid.*, t. I, p. 554.

(2) Ou Hims.

invraisemblable que cela puisse paraître, il semble bien qu'Ibn el Athîr ait eu raison d'affirmer que Schirkoûh, malgré que Nour ed-Dîn l'en détournât et alors que Schawer s'agitait fort en sa faveur, n'avait jamais un instant renoncé à son projet favori de conquérir l'Égypte.

. Notre source chrétienne principale pour cette quatrième expédition est toujours encore la célèbre chronique de Guillaume de Tyr, la source la plus importante pour l'histoire de la Croisade à cette époque. Cette chronique commence par affirmer que le roi Amaury accueillit sans déplaisir l'invitation qui lui fut faite d'entreprendre une nouvelle campagne en Égypte, d'autant qu'il lui était revenu que Schawer avait échangé des ambassades avec l'Atâbek et méditait de rompre l'accord établi avec les chrétiens, mais le même historien, témoin oculaire de ces événements, ajoute aussitôt que Schawer ne cessa pas un instant de remplir strictement et loyalement les conditions du traité et que ce fut très injustement qu'Amaury lui déclara une guerre dont il ne devait retirer que peu d'honneur. « L'en disait, poursuit notre chroniqueur, que en cel proposement et en cele mauvese volenté l'avait mis seur touz les autres uns mestres de l'Ospital de Jérusalem qui avait non Girberz Assailliz — c'était là Gilbert d'Assaly ou Assalit, propre grand maître de l'Ordre fameux, élu en 1167 — un homme sanz faille, de grant cuer, mès n'estoit mie bien estable ne fins en sa loiautez. Cil despendi tout le tresor de sa meson et par desus emprunta grant some d'avoir por donner as chevaliers en soudées que il mena en cel ost avec le roi. La meson de l'Ospital en fu endetée que l'en cuida qu'ele ne se poïst jamès aquiter. Il meismes per desesperance en laissa puis sa baillie et guerpi la mestrise. Endetée en remest après lui la meson de l'Ospital de cent mile besanz ou plus. Nequedant, cil qui escuser le voudrent distrent que ces granz despens avoit il fez porce que li rois li avoit en couvenant, se l'en pooit conquerre le roiaume d'Égypte, que li Ospitaux aurait la cité de Belbès à tenir comme seue à tosjorz. »

Guillaume de Tyr, après avoir ainsi exposé

les motifs qui poussaient le grand maître de l'Hôpital à désirer cette guerre, ajoute que, tout au contraire, le grand maître du Temple et ses chevaliers, que ce fut par respect pour la foi jurée ou par jalousie contre l'Hôpital, se montrèrent résolument hostiles à cette entreprise et refusèrent leur concours au roi (1).

Abou Chamah dit de son côté : « Les Francs, en conséquence, avaient rompu les engagements pris avec Schawer et les Égyptiens, ainsi que le traité conclu avec Asad ed-Dîn, puis ils avaient concentré tout ce qu'ils purent réunir de troupes et s'étaient dit : « Il n'est personne en Égypte qui puisse nous repousser, et si nous voulons conquérir ce pays, nul ne saura nous en empêcher. D'ailleurs, Nour ed-Dîn se trouve en ce moment dans les provinces du nord et du côté de l'Eu-

(1) Abou Chamah, *Hist. or. des Cr.*, t. IV, p. 135, affirme, au contraire, qu'après de longs débats les grands maîtres des deux Ordres finirent par tomber d'accord avec le roi Amaury, ensuite de quoi celui-ci fit établir le tableau des cantonnements des troupes royales en Égypte en se basant sur les documents à lui adressés par un de ses officiers collecteurs d'impôts du Kaire. Voy. Reynaud, *op. cit.*, note de la p. 128.

phrate ; l'armée de Syrie est dispersée, chacun de ses soldats réside dans son propre pays pour protéger les biens qu'il possède. Nous allons donc marcher sur l'Égypte, les hostilités n'y traîneront pas en longueur, puisqu'il n'y a aucune citadelle dans ce pays et que les habitants n'ont personne qui puisse organiser la résistance contre nous. Avant que l'armée de Syrie ait eu le temps d'opérer sa concentration, nous aurons atteint notre but et, une fois établis en Égypte, nous serons assez forts pour lutter contre les autres pays musulmans. »

Bref, dit l'excellent historien allemand Röhricht (1), nous pouvons, sans grande crainte d'erreur, affirmer que les motifs vrais qui poussèrent Amaury à entreprendre cette nouvelle expédition furent la défiance que lui inspiraient les vrais sentiments de Schawer comme ceux de Schirkoûh jointe à l'espoir d'être vigoureusement soutenu par le basileus Manuel Comnène. Ce puissant souverain, en effet, avait,

____

(1) *Op. cit.*, p. 236.

nous le savons, aussi victorieusement qu'heureusement consolidé sa situation en Orient, et noué d'abord avec Baudouin III, puis avec Amaury I*, les plus intimes liens de bon voisinage et d'amitié (1). Amaury, en réponse à ses avances, dépêcha auprès de lui le fameux prélat Guillaume de Tyr, l'auteur même de la *Chronique* que je ne cesse de citer depuis les premières pages de ce livre.

Manuel revenait d'une expédition victorieuse contre le farouche Nééman, le sauvage prince des Serbes, lorsqu'en traversant la Pélagonie de Macédoine, il vit venir à sa rencontre l'ambassade du roi Amaury. Voici comment Guillaume de Tyr, qui en fut le chef, raconte la genèse de ces faits curieux :

« Ne demeura guère après que deux hauts hommes vinrent de l'empereur au roi. L'un fut le comte Alexandre de Gravina, l'autre était Michel d'Otrante — deux Italiens, on le voit.

Ces deux hauts personnages trouvèrent le

(1) Voy. le détail de ces faits dans RÖHRICHT, *Amalrich I, K. Jerusalem*, p. 28.

roi à Tyr et dirent qu'ils voulaient lui parler en particulier. Le roi retint avec lui de son conseil ceux qui savaient ses grands secrets. Lors dirent, ceux du message, pourquoi ils étaient venus, et de bouche et par lettres scellées en or, c'est-à-dire de vive voix et par bulles scellées d'or de leur basileus. La somme de leurs paroles était telle : l'empereur s'était aperçu que le royaume d'Égypte, qui avait été long-temps puissant et riche, était maintenant tombé en la main et au gouvernement de mauvaises gens qui par leur lâcheté ne valaient rien à porter armes ni à terre tenir, ce pourquoi il lui semblait que longtemps ne pourrait mie demeu-rer ce royaume en ce point et qu'il conviendrait donc que d'autres gens le conquissent, et ce ne serait mie difficile chose à faire. Lui qui était riche et puissant aurait grand désir de chasser de cette terre les ennemis de notre Foi, pourvu que le roi Amaury voulût l'y aider. Il lui deman-dait donc de vouloir bien communiquer sans retard ses intentions à ce sujet. »

« Beaucoup de gens croient, poursuit l'évêque

de Tyr, et il semble bien qu'ils aient raison, que le roi Amaury avait déjà maintes fois entretenu et requis l'empereur de ces choses et mandé par lettres et messages que s'il voulait envoyer chevaliers par terre et navires par mer avec dépenses convenables, il arriverait facilement avec l'aide de Dieu à conquérir ce royaume qui serait sien et à ses héritiers à toujours, et c'est en raison de cela que ces messagers étaient venus qui assurèrent ces convenances de la part de leur seigneur. Le roi, d'autre part, s'y accorda bien, ainsi que tous ses conseils; les messagers renvoya et leur bailla de sa part maître Guillaume, qui fut archevêque de Sur, avec d'autres gens pour porter lettres de ces convenances à l'empereur. »

Le vénérable ambassadeur et ses compagnons mirent à la voile de Tripoli et arrivèrent sains et saufs à Constantinople. Ils n'y trouvèrent point l'empereur. Le belliqueux Comnène, à peine de retour de son heureuse campagne contre les Hongrois, était allé en personne dompter le turbulent prince des Serbes. Les

envoyés latins étaient fort impatients de le
rejoindre. Force leur fut, pour lui courir après,
de s'enfoncer à sa poursuite sur les grands
chemins alors si mal connus de la péninsule
des Balkans. Combien il serait curieux de
posséder le journal de cet ambassadeur latin,
de ce pieux prélat venant au nom du roi de la
sainte cité de Jérusalem convier le basileus de
Roum, successeur de Constantin et d'Héra-
clius, à conquérir en commun l'empire des Khalifes africains! Hélas! cet incomparable document n'existe point. Guillaume de Tyr n'a consacré que quelques lignes de son « Histoire » à
cet épisode étrange de son existence aventu-
reuse. Il fait une pittoresque et curieuse description de la sauvage Serbie et de ses sauvages habitants en révolte perpétuelle contre le
basileus de Constantinople et ses lointaines
armées. Cette fois Manuel avait cru nécessaire
de payer de sa personne à la tête de l'élite de
ses troupes. Comme il revenait victorieux de
cette expédition difficile, il fut rejoint par les
ambassadeurs royaux en pleine Pélagonie an-

tique, dans la Macédoine actuelle, dans la localité de Butella, tout près de la vieille capitale bulgare d'Ochrida et de son lac fameux, très loin en somme de Constantinople. « L'empereur, dit seulement Guillaume de Tyr, reçut moult belement et à belle chère les messagers du roi Amaury. Quant il ouit que ses convenances étaient octroyées, cela moult lui plut. Il jura, comme le roi l'avait fait, que toutes les paroles qui étaient ès lettres que mestre Guillaume avait apportées, tiendrait et garderait en bonne foi, sans venir encontre. » Puis le basileus ramena à sa suite les ambassadeurs latins dans sa capitale splendide, « pour leur montrer le riche pouvoir et la grande noblesse de son empire. » Chaque jour il leur faisait bel accueil, s'enquérant auprès d'eux de leur roi et de son royaume. Puis il les congédia, après les avoir comblés de riches présents, et leur avoir remis pour Amaury des lettres bullées de sa bulle d'or. Guillaume de Tyr et ses compagnons, porteurs du précieux traité d'alliance, partirent le premier jour d'octobre de l'an 1168 pour rejoindre leur roi.

Dès la fin de ce même mois, le jeune souverain repartait donc en guerre contre l'Égypte. Était-ce pure impatience de prévenir son puissant allié, était-ce, tout au contraire, pour se conformer aux clauses du traité qu'il venait de conclure avec lui? Nous l'ignorons. Après qu'il eut, ainsi que je l'ai dit, réussi à tromper l'ennemi par une fausse démonstration dans la direction de Homs, il se dirigea soudain avec toutes ses forces droit vers le sud. Il quitta Ascalon après le 20 octobre 1168. Comme il avait déjà dépassé Gaza et qu'il était arrivé à la forteresse de Daron ou Daroun, qui marque presque la frontière d'Égypte, et dont le village actuel et les jardins de Deir el-Bilah, ou « le couvent de la datte », paraît indiquer l'emplacement(1), Ibn Abou Taï raconte qu'il fut rejoint par un des émirs de Schawer, nommé Badran, que celui-ci, fort inquiet, lui avait envoyé pour chercher à s'enquérir des motifs de cette brusque invasion. « Le roi Morri, poursuit le

(1) Voy. p. 72.

chroniqueur arabe, qui, parmi les rois auxquels
les Francs avaient obéi depuis leur entrée en
Syrie, n'avait pas eu son pareil pour la bravoure, la ruse et l'astuce, le roi, dis-je, hésita
un moment pour répondre; puis il chercha à
corrompre Badran, et lui promit, dit-on, un
fief de treize villages, s'il parvenait à abuser le
vizir et à lui faire croire que cette guerre n'était
pas sérieuse et que l'armée franque ne venait
en ces parages que dans son intérêt. Badran
agit en conséquence. Mais Schawer se douta
de la ruse et confia la suite des négociations à
l'émir Chems el-Khilafah Mohammed ben
Moukhtar, autrement dit « le soleil du khalifat ».
Il fit venir ce personnage et lui dit : « Je crois
que Badran me trompe. J'ai en toi pleine confiance. Va, et fais-moi connaître la situation en
ce qui concerne les Francs. »

Le roi et cet émir se connaissaient depuis
longtemps et avaient même des relations amicales. Lorsque le roi le vit entrer dans sa tente
il lui dit : « Salut à Chems el-Khilafah ». —
« Salut au roi perfide ! » riposta l'émir. « Oui,

ajouta-t-il, si tes intentions étaient droites, comment auriez-vous fait une invasion si subite ? »
A cela, Amaury répondit qu'il était instruit qu'Al Kâmil, fils du vizir, allait épouser la sœur de Salah ed-Dîn et ce dernier la sœur du vizir, et qu'il avait dû considérer ces manœuvres comme hostiles et ces incidents comme une rupture. « Ces bruits sont entièrement faux, reprit l'émir ; mais, quand ils seraient vrais, cela n'impliquerait pas la violation des traités. » — « La vérité, la voici, » répliqua le roi : « des chrétiens d'Outre-mer sont venus chez nous qui m'ont sommé d'avoir à subjuguer l'Égypte. Je viens ici pour servir de médiateur entre eux et vous. » — « Que veulent-ils donc ? » demanda l'émir. — « Deux millions de dinârs », repartit le roi. — « Eh bien ! répliqua l'émir, je vais retourner auprès du vizir et l'en informer ; attendez ici sa réponse que je vous rapporterai. » — « Soit, répondit le roi franc, mais nous camperons devant Belbéis jusqu'à ton retour. »

« Quelques-uns, poursuit le chroniqueur arabe, prétendent, au contraire, que le roi, à peine arrivé à Daron, écrivit à Schawer une lettre ainsi conçue : « Je viens t'offrir mes services, mais avant tout réclamer la somme que tu dois me remettre tous les ans. » A quoi le vizir répondit : « Je me suis engagé à payer cette somme tout le temps que j'aurais besoin de toi, mais à présent je n'ai aucun ennemi sur les bras et je puis me passer de ton secours; par conséquent, il n'y a plus de convention entre nous. » On ajoute que le roi répliqua : « Rien ne pourra m'éloigner d'ici que tu ne m'aies donné ce que je demande. » Quoi qu'il en soit, le vizir fut désormais convaincu que le roi se jouait de sa parole et qu'il en voulait uniquement à l'Égypte. Il se hâta donc d'équiper et d'assembler ses troupes et ses milices et en envoya une partie au secours de Belbéis avec des vivres et du matériel de guerre. »

Cependant le roi, suivant de près sans vouloir rien entendre l'envoyé de Schawer, était arrivé en dix jours de temps devant cette première ville d'Égypte le premier jour du mois de *safer* qui correspondait au 1ᵉʳ novembre de l'an 1168, jour de la Toussaint. Il y avait établi son camp et en avait aussitôt commencé le siège. Plusieurs chefs égyptiens ennemis de Schawer, disent Ibn Abou Taï et Abou Chamah, s'étaient enrôlés dans son armée, entre autres Alem el-Moulk Ibn en-Nahhas, Ibn el-Khayyath Yahya (1), et Ibn Kardjalah. Leurs cavaliers avaient fermé les portes de Fostat et du Kaire et en avaient gardé les clés. Le roi de Jérusalem fit insolemment demander à Thayy, un fils de Schawer qui commandait dans la place, de lui désigner un lieu de campement. « Sur la pointe de nos lances », répondit le jeune chef. « Croyez-vous donc, ajouta-t-il, que Belbéis soit un fromage à croquer » ? « Sans doute, reprit le roi, et le Kaire en est la crème ! »

Les *Gestes des Chiprois* (2) rapportent que sur

(1) « Le fils du tailleur ».

(2) Voy. la *Chronique d'Amadi*, éd. Mas-Latrie, t. I, p. 177. — Comp. *Assises du R. de Jérus.*, éd. Beugnot, t. I, p. 455, note. Au siège de Cérines en 1232, les trois fils du seigneur de Baruth ayant été blessés après s'être précipités inconsidérément à l'assaut de la place, le dit seigneur de Baruth les blâma fort « et dise ad alta et intelligibile voce : » Mi portai mal a questa volta, et manco mi ricordai quel che avenegià ad un mio parente, quando il re Alme-

le commandement d'Amaury Hugues d'Ibelin se lança à cheval contre les fortifications de Bel·béis, mais que le cheval se rompit le col et Hugues la jambe, que Philippe de Naplouse aussi faillit être fait prisonnier dans cet assaut et qu'à la suite de ces faits un ordre du jour, ou « Assise » demeurée inédite, fut proclamé dans le camp chrétien « que jamais chevalier ne deüst n'i feïst service à faire de ville ne de chasteau, ni en leuc que cheval nel peüst porter, se il ne fust assegié ou sur son cors defendant. »

rico intrò in Babilonia; che commandò a messer Hugo de Iblim che assaltasse et facesse assaltar a la cità de Balbeis, qual havevano assediata, et lui andò al assalto, et com iu apresso al fosso dete di speroni al suo cavallo et saltò dentro, onde il cavallo ha roto il colle et mio barba la sua gamba; et tutto l'hoste corse a la sua rescossa et recevete gran danno per esser sta feriti et morti assai. Messer Philippo de Napoli, el bon cavaglier, che era suo barba, saltò nel fosso da poi ch'el suo nepote, et manco poco che non ni havesse amazzato. La terra, per divino voler, fu presa; et il re con li soi homini feceno una assisa, che cavaglier alcuno non facesse, ne dovesse servitio al fatto de città o de castello, ne in loco dove cavallo non la potesse portar, se non fusse assediato o per diffender el suo corpo; et io, gramo, che so l'assisa. la qual è fata per la mia casata medema, ho consegnato a la morte hoggi me et li mei figlioli et tutti li mei amici per l'assalto de un granio castello, che uno di questi giorni si rendera di fame. »

La résistance de Belbéis ne fut, du reste, pas longue cette fois. Trois jours après leur arrivée devant la place, les Francs, l'épée haute, entrèrent de force dans la ville. Ils y mirent le feu après l'avoir pillée de fond en comble et massacré beaucoup de monde, sans distinction d'âge ni de sexe. Ce fut une affreuse tuerie, au dire de Guillaume de Tyr. « Amaury, raconte de son côté Ibn Abou Taï, fit rassembler la population et la garnison prisonnières dans l'immense plaine qui entourait la ville. Puis, se faisant violemment un passage avec sa lance dans cette foule apeurée, il sépara les captifs en deux masses. Il prit pour lui celle qui était à droite et abandonna l'autre à ses soldats. Tous ceux qui lui échurent en partage furent relâchés. « Je vous donne la liberté, leur dit-il, en reconnaissance de la faveur que Dieu vient de me faire; car, à présent, c'est comme si j'étais maître de l'Égypte. » Puis il assista en personne à leur départ et leur fit traverser le Nil dans la direction de Monyet-Hamel. A l'égard des autres, les soldats se les partagèrent.

Ceux-ci restèrent esclaves jusqu'à ce que plus tard Saladin les rachetât. »

Le *Livre des deux Jardins*, d'Abou Chamah, dit aussi que les gens de Belbéis demeurèrent en captivité quarante années chez les Francs où ils périrent presque tous, et qu'un petit nombre seulement retrouvèrent leur liberté lorsque Saladin, devenu maître de l'Égypte, affecta le riche revenu de Belbéis au rachat des prisonniers en exemptant les habitants de tout impôt jusqu'à la fin de son règne. Mehada, un des fils mêmes de Schawer, ancien compagnon de guerre du roi Amaury, demeura parmi ces infortunés captifs des chrétiens, avec un de ses neveux, probablement celui dont j'ai parlé plus haut. C'était là les deux principaux chefs de la défense de Belbéis.

Guillaume de Tyr fait un dramatique récit de ces scènes terribles qui ensanglantèrent la prise de Belbéis. « Ce fut le tierz jour, dit-il, après la fête de Tous les Saints. Nos gens entrèrent dans la ville, l'épée à la main, et commencèrent à massacrer ceux qu'ils trouvèrent, hommes et femmes, vieux et jeunes, sans épargner personne; après ils en lièrent un grand nombre pour les mener en captivité qui ne valut guères mieux que la mort. Quant la ville fut ainsi prise et pillée, vous eussiez vu nos gens aller par les rues, pénétrant dans les maisons, forçant les coffres, en retirant des vêtements précieux et toutes sortes de richesses. Quand ils trouvaient pucelles ou vieilles gens qui s'étaient dans les chambres tapies, ils les passaient au fil de l'épée, ne conservant uniquement que ceux dont ils espéraient avoir une forte rançon. Enfin ce fut une effroyable destruction et un non moins terrible pillage (1). »

L'armée victorieuse, dit Ibn el Athîr (2), quittant les ruines sanglantes de Belbéis, s'avança librement dans la direction de cette grande capitale ouverte qui avait nom Misr, le Kaire actuel. Cette armée se trouvait grossie,

(1) Michel Syrien dit que les Égyptiens perdirent dans ce sac de Belbéis douze cents cavaliers et vingt mille hommes de pied. Certainement ces chiffres sont très exagérés.

(2) *Hist. or. des Cr.*, t. I, p. 555.

nous l'avons dit, de nombreux contingents égyptiens que lui avaient amenés divers ennemis de Schawer, parmi les hommes les plus considérables de l'Égypte, Alem el-Moulk, Ibn el Khayyath, Ibn Kardjalah, d'autres encore qui avaient envoyé au roi leurs offres de services par écrit en haine de Schawer. Le douzième jour de novembre, neuvième du mois de *safer*, un jour avant l'investissement de la place, Schawer, craignant de ne pouvoir défendre aussi le Vieux Kaire, le Fostat actuel, situé, on le sait, à quelque distance du Kaire proprement dit, fit évacuer cette place et ordonna de la mettre au pillage puis d'y mettre le feu ainsi qu'à tous les navires rassemblés sur le Nil, à l'aide de vingt mille cruches de naphte et de dix mille instruments pour répandre ce liquide. Ce fut un spectacle effrayant. D'immenses colonnes de fumée s'élevèrent jusqu'au ciel. La panique fut affreuse. La plupart des habitants se réfugièrent au Kaire. Le loyer d'un chameau pour franchir la courte distance jusqu'à cette ville s'éleva à trente dinârs, celui d'un cheval à dix dinârs. « Les gens se pressaient, dit un autre auteur arabe, comme s'ils couraient de leurs tombeaux à l'endroit de la Résurrection. Le père ne s'inquiétait plus de ses enfants, ni le frère de son frère. Beaucoup ne sauvèrent juste que leur vie et furent réduits pour toujours à la pauvreté. » Tout ce qui ne put être emporté fut pillé par la populace. Au Kaire, les malheureux fugitifs trouvèrent un refuge dans les mosquées, les bains, les marchés et les rues. Durant qu'ils cherchaient un asile pour leurs enfants, leurs affaires étaient volées par les esclaves et les soldats de marine (1).

Cet immense incendie dura cinquante-quatre jours, au dire d'Ibn Abou Taï, et ne s'éteignit que le 5 du mois de *rébi'a premier* qui correspond au 7 décembre. La plus vieille des mosquées, la plus vénérable aussi, celle d'Amr ben el Asi, périt dans cette catastrophe; de

______

(1) Les montagnes de ruines qu'on aperçoit encore aujourd'hui au-devant de la porte de Sitti Zaineb, comme aussi autour des tombeaux des Mamelouks, proviendraient de cet incendie.

même celle de Karâfa. Elles furent détruites par la volonté du chambellan Mutaman el-Khilafah qui en donna l'ordre à Ibn Summâca pour qu'on n'y pût pas dire la prière au nom des Abbassides.

« Si les Francs avaient bien traité Belbéis, dit Ibn el Athîr, certes ils se seraient emparés de Fostat et du Kaire, mais le Dieu très haut leur fit juger à propos d'agir comme ils le firent. Certes, quand Dieu décrète une chose, elle est accomplie. »

La nouvelle des malheurs de l'infortunée cité de Belbéis avait jeté l'effroi dans l'âme de Schawer. Il avait parfaitement compris que le roi Amaury visait à la conquête de l'Égypte, et il désespérait de lui résister. Aussitôt il avait demandé une audience au Khalife Al-Ádîd. Il se présenta chez ce prince en pleurant et lui dit : « Voilà que l'ennemi est dans le cœur de l'Égypte. Nous n'avons plus d'espoir que dans Nour ed-Dîn. Il faut que vous lui écriviez pour lui révéler l'état des choses et lui demander aide et protection. » Le Khalife écrivit une longue lettre à ce prince et Schawer en ajouta une de lui dont il noircit l'en-tête avec de l'encre pour y imprimer son sceau ou *thoughra*.

« Voici, dit l'auteur du *Livre des deux Jardins,* ce que m'a raconté à ce sujet Chems el-Khilafah Mouça, fils de Chems el-Khilafah Mohammed ben Moukhtar : « C'est sur le conseil de mon père que ces dépêches furent écrites. En effet, lorsqu'il quitta Amaury (Que Dieu le maudisse!) après la chute de Belbéis, mon père s'aboucha avec Al Kâmil, fils de Shawer, et lui dit : « Il s'agit d'une affaire importante et je ne puis te la confier que si tu me jures d'abord de ne pas la révéler à ton père », et après avoir reçu le serment d'Al Kâmil, il ajouta : « Sois convaincu que ton père est décidé à temporiser, et qu'en fin de compte, il cédera le pays aux Francs sans avoir écrit à Nour ed-Dîn. Il y a là pour nous une source de maux. Monte (au château), va trouver Al-Âdîd et charge-le d'écrire à l'Atâbek, qui seul peut rémédier à la situation ». Al Kâmil courut chez le Khalife et les lettres en question furent adressées à Nour ed-Dîn. »

Ibn el Athîr rapporte encore que le Khalife, pour émouvoir davantage Nour ed-Dîn, joignit à sa lettre des cheveux des femmes de son Palais. « Ce sont, lui dit-il, les cheveux de mes femmes; elles te conjurent de venir les dérober aux outrages des Francs. » C'était le plus grand signe de douleur que puissent donner les femmes du Khalife et un signe extraordinaire de l'émoi inouï qui devait régner parmi la multitude habitant cet immense Palais. Chez les musulmans, la chevelure des femmes et la barbe des hommes passent pour sacrées. « Les anges, dit Mohammed, chantent dans le ciel ces paroles : « Gloire à celui qui a donné la barbe aux hommes pour ornement et les cheveux aux femmes. » Nour ed-Dîn, vivement troublé par la lecture de ces lettres, commença aussitôt à assembler ses troupes et à les faire marcher vers l'Égypte sous le commandement d'Asad ed-Dîn Schirkoûh, qui ne demandait pas mieux. En même temps, il envoyait le jurisconsulte

Yça el-Hakkari en Égypte avec une dépêche ostensible annonçant à Schawer l'arrivée prochaine d'une armée de renfort et une lettre secrète qui renfermait des instructions confidentielles adressées au Khalife sous la foi du serment et avec défense de les communiquer à Schawer!

« Sur ces entrefaites, dit Ibn el Athîr, l'armée ennemie était arrivée et les Francs dressaient leurs tentes à Birket Hel-Abesch, autrement dit « Le Réservoir de l'Abyssin », au sud de Fostat, entre la montagne et le Nil. Leur cavalerie rayonnait déjà de là dans toutes les directions, enlevant tous ceux qu'elle rencontrait.

« Par l'ordre de Schawer, Chems el-Khilafah se présenta de nouveau chez Morri (que Dieu le maudisse!) A peine entré, il entraîna le roi sur le seuil de sa tente, et lui montrant de loin le Vieux Kaire : « Vois-tu cette fumée qui monte dans le ciel? » lui demanda-t-il; et, sur la réponse affirmative du roi, il ajouta : « C'est

Fostat qui brûle. Avant de venir ici, j'ai fait allumer vingt mille pots de naphte et jeter dix mille torches dans la ville ; il n'y restera bientôt rien qui se puisse sauver et utiliser. Renonce donc désormais à ton système de résistance et de ruses, et lorsque je t'indique une résidence, il ne faut plus que je te voie en choisir une autre. Une seule te reste maintenant, c'est le Kaire ». — « Tu dis vrai, répliqua le roi, c'est au Kaire que je devrais m'arrêter, mais, ainsi que je te l'ai dit déjà, il y a autour de moi des Francs venus d'Outre-mer, impatients de conquérir l'Égypte. »

Bientôt, se remettant en marche, Amaury parut enfin devant le Kaire même. Il n'avait pu demeurer au « Réservoir de l'Abyssin » à cause de l'intensité de la fumée qui rendait la position intenable. Il choisit pour son nouveau camp l'emplacement au-devant de la porte El-Bar- kia, ainsi nommée des soldats originaires de Barkah en Afrique, qui avaient fait jadis partie de l'armée de Mouizz-li-Dîn-Allah le Conqué- rant. Les Francs étaient campés si près de la muraille que les flèches sarrasines volaient jusque dans la tente du roi. Ils assiégèrent le Kaire avec vigueur, mais on leur opposa tout le long de la muraille une résistance acharnée. Le terrible bain de sang de Belbéis avait épouvanté les habitants du Kaire qui mettaient toute leur énergie à éviter un sort pareil.

« C'était Schawer en personne, dit Ibn el Athîr, qui présidait à la défense, au combat, et qui commandait les troupes. Il avait lui aussi, dès l'approche des Francs, envoyé supplier Nour ed-Dîn d'accourir à la rescousse de l'Égypte. Mais sa situation devint pénible, et il fut incapable de repousser les Francs. Alors, il inclina à employer la ruse et chercha par de subtiles négociations à gagner du temps jusqu'à l'arrivée des secours promis par Nour ed-Dîn. »

Voici encore ce que dit Abou Chamah : « Schawer, sentant son infériorité vis-à-vis des Francs, entra dans une voie de ruses, d'intrigues et de refus habiles jusqu'à l'arrivée des renforts attendus de Syrie. Il chargea en con-

séquence Chems el-Khilafah de porter au roi
Amaury une longue lettre où il cherchait à
l'amadouer et à le circonvenir. « Sache, lui
« écrivait-il, que le Kaire est une ville immense,
« habitée par une nombreuse population qui ne
« capitulera certainement pas. La place ne sera
« prise qu'au prix de pertes énormes de chaque
« côté. Ni toi ni moi ne savons pour qui la for-
« tune se déclarera ; la sagesse est donc d'épar-
« gner le sang de tes soldats et des miens et
« d'accepter ce que je t'offre à titre de don gra-
« cieux. » Schawer rappelait encore à Amaury
leur amitié de jadis et leur adversaire commun
également détesté, Schirkoûh. Il prétendait
que son inclination naturelle le portait du côté
du roi à cause de la crainte qu'il avait de Nour
ed-Dîn et du Khalife, et que c'étaient les
musulmans qui refusaient de céder. Il lui
offrait donc de lui faire compter deux cent
mille pièces d'or et lui conseillait de s'en
contenter. Mais le roi, chapitré surtout par
Miles de Plancy, exigea un million de dinârs,
ce qui équivaudrait à peu près à onze ou

douze millions de francs de notre monnaie actuelle (1).

Une portion de cette énorme somme devait être payée de suite, le reste plus tard. Cet accord fut enfin accepté des deux parties et ratifié du côté musulman par el-Dschalis ben Abd el-Kawi et le scheik el-Muwaffak.

« Les Francs, dit Ibn el Athîr (2), avaient reconnu que le pays était décidé à résister, et que peut-être il serait livré à Nour ed-Dîn. Ils donnèrent donc leur consentement malgré eux et dirent : « Nous toucherons l'argent, nous « l'emploierons à augmenter nos forces, et nous « reviendrons dans le pays avec une puissance « telle que nous ne nous inquiéterons plus de « Nour ed-Dîn. » Ils usèrent de stratagème; mais Dieu en usa aussi, et « Dieu est le plus fort « de ceux qui emploient la ruse (3) ». Schawer paya comptant au roi cent mille dinârs comme

(1) Guillaume de Tyr, *op. cit.*, l. XX, ch. vii, dit « deux millions de dinârs ». Ibn Abou Taï dit « quatre cent mille ». D'autres disent « un million, dont cent mille payés comptant ».
(2) *Hist. or. des Cr.*, t. I, p. 556.
(3) Coran, III, 4.

rançon de son fils et de son neveu et le pria de s'éloigner en attendant qu'il pût rassembler le reste de l'argent. Il lui remit en outre, comme otages garants de sa foi, deux petits garçons de sa parenté. Amaury, en conséquence, contraint qu'il était de rétrograder par l'annonce de l'arrivée prochaine de l'armée de Syrie, leva son camp pour se replier sur Belbéis. Il se porta d'abord à très petite distance à Mataria, durant que Schawer commençait à lever pour lui de l'argent sur les habitants du Kaire et de Fostat; mais il ne put recueillir qu'une faible somme qui n'atteignit pas cinq mille dinârs. Le motif de cela était que les maisons des habitants de Fostat et les richesses qu'elles contenaient avaient été brûlées, et ce qui avait échappé au feu avait été pillé. Quant aux habitants, ils ne pouvaient se procurer des vivres, ni, à plus forte raison, payer des taxes. D'un autre côté, la population du Kaire se trouvait à la merci des militaires et de leurs valets, et pour ce motif il était devenu difficile de ramasser de l'argent. »

Amaury et l'armée des Francs demeurèrent huit jours pleins à Mataria. C'est cette localité toute voisine du Kaire qui fut si célèbre au moyen âge comme ayant été le site du « Repos de la Vierge ». On y montre aujourd'hui encore le fameux sycomore centenaire bien connu des touristes. Les Francs échangèrent des ambassades avec Schawer sans gagner grand' chose, puis ils se retirèrent plus loin encore au lieu qui est désigné sous le nom du « Syrien ».

Sur ces entrefaits, la flotte d'Amaury, qui, chargée de renforts et de vivres, devait suivre par mer la marche du roi, avait, grâce aux vents favorables, atteint l'embouchure du bras tanitique du Nil, aujourd'hui canal d'Aschmoun ou Aschmoun-thenah, et avait pris et pillé la ville de Tanis, l'antique Zo'an de la Bible, la Sân ou Zâni actuelle, certainement une des plus anciennes cités du Delta.

C'était une grande ville orgueilleuse de ses richesses au temps des prophètes, fournissant un thème à leurs invectives. Au dire de Guillaume de Tyr, qui nous raconte ces faits, la population tout entière fut massacrée ou réduite en captivité par les Latins, qui firent un très riche butin. Mais lorsque les vaisseaux francs voulurent remonter plus loin le bras du fleuve, ils rencontrèrent une résistance acharnée de la part des populations rurales égyptiennes qui s'acharnèrent à leur barrer la route en obstruant le cours de la rivière par toutes sortes d'obstacles et en leur opposant leurs propres navires si nombreux qu'il n'y eut plus moyen de passer. Le roi, ayant ouï cela, envoya un de ses plus vaillants barons, son connétable Humfroy de Toron, avec une troupe d'élite et ses meilleurs chevaliers, pour tenter au moins de s'emparer d'une des rives du bras du fleuve et faciliter de la sorte la montée de la flotte le long de cette rive. On allait y réussir. Mais à ce moment même on apprit au camp royal par certains messages que Schirkoûh s'avançait à marches forcées au secours de Schawer avec une véritable armée. Il fallut envoyer précipitamment à la flotte l'ordre de redescendre le fleuve et de s'en retourner en Syrie. Elle s'éloigna presque aussitôt, mais en partant elle perdit une de ses galères. C'était un échec complet.

Et en fait Schirkoûh et son armée étaient déjà tout proches! Voici ce qui s'était passé! Durant que Schawer, par ses discours enflammés et de larges distributions d'argent, triomphant de ses répugnances personnelles, maintenait le courage de ses adhérents, en même temps qu'il amusait l'ennemi en lui envoyant constamment quelque argent et lui demandant de nouveaux délais pour temporiser ainsi jusqu'à l'arrivée des renforts envoyés par Nour ed-Dîn, le Khalife Al-Âdîd en personne avait adressé à ce dernier, son ancien adversaire, une seconde ambassade encore plus instante, lui faisant mille promesses en échange du secours suprême qu'il réclamait de lui. Il lui offrit, dit Ibn el Athîr, le tiers de l'Égypte. De même les fiefs destinés à son armée confiée à Schirkoûh seraient pris aussi sur le territoire égyptien indépendamment du tiers dont je viens de parler, affecté spécialement à l'Atâbek. « Ce dernier, dit M. Derenbourg (1), s'était enfin rendu compte que la conquête de l'Égypte par les Francs entraînerait à bref délai celle de la Syrie. » Il avait résolu de rompre avec son passé d'abstention, comprenant enfin la gravité de la situation et l'urgence d'une action aussi prompte qu'énergique. La lettre suppliante du Khalife lui étant parvenue à Alep, il avait mandé aussitôt auprès de lui son général Asad ed-Dîn Schir-koûh. Le messager envoyé à la recherche de ce dernier à Homs qui formait son fief, l'avait rencontré déjà sous la porte même d'Alep parce que lui aussi avait reçu une demande de secours et s'était aussitôt mis en route pour s'en entretenir avec Nour ed-Dîn. En une seule nuit il avait fait le trajet de Homs à Alep. Comme il cherchait encore à différer son entrée en campagne, Nour ed-Dîn, qui avait été d'abord surpris par sa présence si subite et s'en était réjoui comme d'un heureux présage, lui dit : « Hâte-toi de préparer ton départ pour l'Égypte,

(1) *Op. cit.*, p. 344.

sinon nos intérêts exigeront que je me mette
en route moi-même. Si nous ne nous occupons pas de ce pays, il tombera au pouvoir des Francs, et il n'y aura plus de place
pour nous en Syrie à côté d'eux. » Les deux
hauts personnages furent ainsi vite d'accord.

« Nour ed-Dîn, poursuit Ibn el Athîr, ayant
ordonné à Asad ed-Dîn Schirkoûh de partir pour
l'Égypte, lui fit remettre deux cent mille pièces
d'or, sans compter les étoffes, les montures, les
armes, etc., et lui concéda une autorité pleine
et entière sur l'armée et les finances. Aucun
prince musulman, dit Reynaud, avant Nour
ed-Dîn, depuis le commencement des Croisades, n'eût eu le moyen de faire une telle
dépense.

Schirkoûh choisit parmi les troupes deux
mille cavaliers, reçut l'argent et rassembla un
escadron de six mille autres cavaliers turkomans; puis, lui et Nour ed-Dîn se transpor-
tèrent à Damas où ils arrivèrent à la fin du mois
de *safer* de l'an 564 de l'Hégire qui correspond
au 2 décembre de l'an du Christ 1168. —

Les deux hauts personnages se dirigèrent
ensuite avec toutes leurs forces sur Ras-el-ma,
sur la grande route militaire de Damas à Gaza.
Là on se mit sur le pied de campagne. L'Atâbek donna à chacun des cavaliers sous les
ordres d'Asad ed-Dîn une gratification de
vingt dinârs à titre d'indemnité. Il adjoignit
aussi quelques-uns de ses plus brillants émirs
et mamelouks à la suite d'Asad ed-Dîn, entre
autres Izz ed-Dîn Djourdic, Izz ed-Dîn Kilidj,
Scherf ed-Dîn Bazgouch, Nacih ed-Dîn Kho-
marteguîn, 'Aïn ed-Daulah, fils d'El-Yarouki,
Khotb ed-Dîn Ynal, fils de Hasan el-Mem-
bedji, d'autres encore, et enfin Saladin en
personne, Salah ed-Dîn Youssof, fils d'Ayoub,
frère de Schirkoûh. « Ce jeune homme, dit
Ibn el Athîr (1), partit contre son gré, et cependant ce départ fut cause de son élévation
et de sa puissance. Cela sera raconté, s'il plaît
à Dieu, lors de la mort de Schirkoûh. « Il est
« possible, dit le Coran (2), que vous éprou-

(1) *Hist. or. des Cr.*, t. I, p. 557.
(2) II, 213.

« viez de la répugnance pour une chose qui
« soit excellente pour vous, et que vous en
« aimiez quelque autre qui soit mauvaise pour
« vous! » Saladin se rappelait distinctement
toutes les tristes péripéties de son séjour à
Alexandrie. Il se trouvait fort peu honoré par
sa nouvelle mission actuelle. »

Le cadi Abou'l Mahacen rapporte ces propres
paroles que le sultan, c'est-à-dire Salah ed-Dîn,
lui adressa en rappelant cette expédition : « J'ai
été le plus rebelle des hommes quand il s'est
agi d'y prendre part et c'est à contre-cœur que
j'ai accompagné mon oncle paternel (1) ». Le
cadi ajoute : « Voilà qui confirme la parole de
Dieu (2)... »

Chems el-Khilâfah remit à Amaury une nouvelle lettre du vizir Schawer où celui-ci lui
demandait de lui faire remise de la moitié du
tribut qu'il s'était engagé à lui payer.

Schirkoûh et son armée, après avoir imploré
l'aide de Dieu, quittant en toute hâte, le 17 dé-

(1) Schirkoûh.
(2) Verset du Coran.

cembre 1168 (1), les cantonnements de Ras-el-ma, partirent à marches forcées pour l'Égypte. A la nouvelle de leur approche, dit Ibn el Athîr, les Francs évacuèrent en toute hâte l'Égypte pour retourner dans leur pays avec les bottines de Honaïn (2). En réalité, Amaury, forcé par ces nouvelles circonstances si graves de se replier en hâte, après avoir levé le siège du Kaire pour retourner dans son royaume, se retira à Fakous (3) le 24 décembre, non sans avoir, au dire d'Ibn Abou Taï, adressé les plus vifs reproches à ceux qui lui avaient conseillé cette expédition. Quant à Nour ed-Dîn, il voulut que ces heureuses nouvelles fussent répandues dans ses États, et il envoya à cet effet des messages dans toutes les directions. Il fit battre partout les instruments de musique en signe de réjouissance. « En effet, ce fut une délivrance pour l'Égypte et une cause de sécurité pour toute la Syrie et d'autres contrées. »

(1) Milieu du mois de *rébi'a premier* de l'an 565 de l'Hégire.

(2) Sur ce proverbe, voy. *Rec. des prov. arabes*, par FREYTAG, t. I, pp. 461 et 539.

(3) Ou Facous.

« L'arrivée subite de l'armée de Syrie, dit Abou Chamah dans le *Livre des deux Jardins* (1), obligea les Francs de se retirer sur Belbéis. Schirkoûh fit étape au Maksam, c'est-à-dire au bureau de péage établi sur la rive occidentale du Nil, puis il se mit à la poursuite du roi des Francs d'abord à Fakous et ensuite jusque sous les murs de Belbéis. Dès que Schawer sut qu'Asad ed-Dîn était arrivé à Sadr, petite place forte entre le Kaire et Aïlah, il dépêcha de nouveau Chems el-Khilafah auprès du roi pour obtenir l'abandon d'une partie de la somme promise. Chems se présenta chez Amaury et lui dit : « Nous sommes à court d'argent. » — « Fixe toi-même le chiffre de la diminution que tu désires, » répondit le roi. — « Je demande la moitié de la somme. » Et comme le roi y consentait, il ajouta : « Je n'ai jamais entendu dire qu'un roi se trouvant dans de pareilles circonstances et ayant l'avantage comme tu l'as sur nous ait fait un tel

____

(1) *Hist. or. des Cr.*, t. IV, p. 141.

cadeau à des gens réduits à la situation où nous sommes. » Amaury répliqua : « Je connais trop bien ton intelligence et la puissance de Schawer pour croire que vous m'auriez adressé une demande semblable s'il n'était survenu un événement imprévu. » — « C'est vrai, répondit l'envoyé, voici qu'Asad ed-Dîn vient à notre secours; il est à Sadr et la position n'est plus tenable pour toi. Aussi Schawer te conseille de partir. Quant à nous, nous maintiendrons la trêve; c'est pour toi comme pour nous le parti le plus avantageux. Quand Asad ed-Dîn sera arrivé, nous lui donnerons satisfaction avec une partie de cet argent et nous te ferons parvenir le reste, dès que nous le pourrons; dans le cas où, pour le contenter, nous aurions à lui fournir une plus forte somme, nous te rendrons plus tard la différence. » — « J'y consens, dit le roi, et si à mon tour il me reste un excédent, je vous le remettrai. » Puis il fit ses préparatifs de départ. L'envoyé le pria aussi de remettre en liberté Thayy, fils de Schawer, avec les autres prisonniers gardés dans le camp des Francs comme otages, et de ne prélever, en partant, aucune contribution sur Belbéis. Amaury accéda à toutes ces demandes, parce qu'il redoutait l'approche de Schirkoûh. Il tenta vainement de lui couper la route. Alors, après avoir rallié la garnison qu'il avait laissée à Belbéis, triste, déçu dans ses espérances, il commença définitivement la retraite le deuxième jour du mois de janvier du nouvel an 1169. Ibn el Athîr rapporte qu'à son retour il fit de violents reproches à ceux qui lui avaient conseillé cette expédition. De ce fait, disent les chroniqueurs arabes contemporains, l'Égypte était une fois de plus reconquise pour l'Islam, tandis que la Syrie et les contrées avoisinantes voyaient s'accroître aussi leur sécurité.

Six jours après, le 8 janvier (1), 7 du mois de *rebi'a second*, Schirkoûh et son armée, qui avaient réussi à éviter les forces franques en retraite, apparaissaient devant le Kaire et établissaient leur camp dans le quartier nommé El-Louk, non loin de la porte de ce nom. Le

---

(1) Sur cette date, voyez RÖHRICHT, *op. cit.*, p. 341, note 5.

généralissime eut aussitôt une entrevue avec le Khalife qui, ainsi que tous les craintifs habitants de l'immense ville, lui fit la plus chaleureuse et joyeuse réception. Revêtu d'une pelisse d'honneur par ordre de ce souverain, il rentra dans son camp, après avoir obtenu pour lui comme pour toute son armée de gros traitements et des rations en abondance. Schawer ne pouvait s'opposer à toutes ces donations qui l'exaspéraient, car il voyait bien qu'en dehors de la ville les troupes syriennes de Schirkoûh étaient fort nombreuses et qu'au dedans d'elle le Khalife avait pour elles les meilleures dispositions ; aussi n'osa-t-il laisser paraître ce qu'il avait dans le cœur. Il tenta bien avec sa duplicité accoutumée d'inciter Schirkoûh à se joindre à lui pour donner la chasse au roi Amaury en fuite et le surprendre, mais le chef rusé se tira de cette difficulté en prétextant que le roi franc était déjà trop loin et que sa propre armée à lui était totalement épuisée (1). « Tel

(1) Suivant certaines sources, le Khalife aurait pourtant ébauché une poursuite jusqu'à Fakous et Belbéis.

était aussi mon avis, répondit-il, quand les Francs étaient sur la rive occidentale du Nil, dénués de tout appui; aujourd'hui, je refuse, car les voilà du côté oriental qui confine à leur territoire. Quant à nous, nous sommes sortis du désert en piètre état, affaiblis et épuisés de fatigue; Dieu nous a tirés du danger, mais nous avons avant tout besoin de répit pour réparer nos forces. »

Schawer ne se trouvait pas plus tôt débarrassé de son pire ennemi par l'arrivée de Schirkoûh, que déjà il ne rêvait qu'ingratitude et trahison envers son sauveur. Non seulement il était bien décidé à ne tenir aucune des promesses qu'il lui avait faites, mais il complotait déjà de le faire assassiner dans un festin avec un certain nombre des émirs, ses compagnons. « Il comptait s'emparer de leurs personnes, dit Ibn el Athîr, prendre à son service les troupes qui se trouvaient avec eux, et, par leur secours, défendre le pays contre les Francs. Son fils Al Kâmil (le parfait) l'en dissuada et lui dit :

« Par Dieu, si tu es dans l'intention d'agir
ainsi, j'en informerai Schirkoûh. » Le vizir
répondit à son fils : « Par Dieu, si nous ne faisons pas cela, nous serons tués ensemble. » —
« Tu dis vrai, reprit Al Kâmil, mais il vaut mieux
que nous soyons tués tandis que nous sommes
encore musulmans et que le pays est sous
les lois de l'islamisme, que d'être massacrés
après que les Francs s'en seraient rendus
maîtres. Certes, tu n'as à craindre le retour
des Francs que dans le cas où ils appren-
draient l'arrestation de Schirkoûh ; car alors,
quand bien même Ádîd en personne irait
trouver Nour ed-Dîn, celui-ci n'enverrait pas
avec lui un seul cavalier et l'ennemi s'empare-
rait du pays ». Schawer renonça donc à sa résolution, et Al Kâmil ayant, malgré cela, révélé à
Schirkoûh le sort qui le menaçait, celui-ci n'eut
d'autre alternative que de prévenir lui-même
par un crime le crime qui le guettait. « Une
nuit, dit Abou Chamah, le Khalife qui continuait à combler de dons Asad ed-Dîn Schirkoûh, au service duquel il avait mis ses princi-

paux officiers, se rendit en secret, déguisé, dans sa tente, et eut avec ce général un entretien confidentiel dans lequel fut agitée la question du meurtre du vizir; puis il retourna au château. La veille de l'arrivée de Schirkoûh au Kaire, Schawer avait eu un songe. Il avait cru voir en entrant dans l'hôtel du Vizirat un homme assis sur le trône royal, ayant devant lui l'écritoire et les « kalems » viziriels avec lesquels il signait les décrets. Il s'informa de ce personnage et on lui apprit que c'était l'apôtre de Dieu, Mohammed (sur qui soient le salut et la bénédiction de Dieu!). »

D'abord Schirkoûh avait espéré se concilier Schawer. Dès son arrivée sous le Kaire et la fuite des Francs, la sécurité s'était partout rétablie dans le pays. Les habitants étaient de toutes parts rentrés dans leurs demeures, s'empressant de réparer les dégâts que les chrétiens y avaient commis. La population urbaine était accourue en foule offrir ses services à Asad ed-Dîn Schirkoûh qui l'accueillit avec une large bienveillance et la combla de bienfaits.

Schawer n'avait de son côté rien épargné pour se concilier le cœur du généralissime. Celui-ci, très disposé à le maintenir au pouvoir, lui avait témoigné une amitié si sincère que, plusieurs fois, il l'avait fait avertir secrètement qu'il eût à se méfier des troupes de Syrie. En effet, séduite par la beauté du sol égyptien, sa fertilité, ses richesses, l'armée de Nour ed-Dîn ne rêvait plus que d'y établir sa demeure définitive. Schirkoûh n'était pas moins impatient de s'en emparer et d'y régner en souverain absolu; mais, comprenant bien qu'il n'arriverait pas à son but tant que Schawer vivrait, il avait de suite songé à réaliser le plan qui le débarrasserait d'un rival que le Khalife Al-Ádîd lui-même lui avait ordonné de mettre à mort. Il réunit donc ses officiers pour les consulter à ce sujet : « Vous connaissez, leur dit-il, ma prédilection pour cette contrée; vous savez combien je désire la posséder, d'autant plus que je sais à n'en pas douter que ce désir est aussi vif chez les Francs que chez moi, qu'ils connaissent les points faibles du pays et les moyens d'en assurer la conquête. Je suis convaincu que, si je m'en éloigne, ils reviendront sur-le-champ et prendront possession de ce pays, centre principal de l'Islam, terre féconde qui alimente son trésor. Je suis donc résolu à m'en emparer avant qu'ils n'en soient les maîtres. Mais avant tout il faut que je me débarrasse de Schawer, qui se joue d'eux et de moi, qui nous leurre les uns et les autres et ourdit ses intrigues entre nous. C'est cet homme qui a follement dilapidé les richesses du pays au profit des Francs et pour assurer leur supériorité sur nous. Or l'occasion ne se présentera pas toujours de les atteindre et de les devancer dans la prise de possession d'une contrée que la guerre a décimée et privée de ses meilleurs défenseurs. » Les émirs applaudirent à ces paroles et la mort du fameux vizir fut résolue.

Pendant ce temps, l'infortuné Schawer croyait son autorité plus affermie que jamais. Certes on l'avait averti de ce qui se tramait, mais il se faisait illusion. « Il ne sortait qu'en grande pompe, racontent Abou Chamah, Ibn el Athîr, d'autres encore, dont je combine ici le récit, entouré de toute la magnificence et de l'appareil imposant qu'exigeait l'usage du pays. Une des règles de ce cérémonial était que, dans ces occasions, le vizir fût escorté de timbales et de clairons. Les émirs, c'est-à-dire Salah ed-Dîn, fils d'Ayoub, qui, depuis, devait devenir si fameux, Izz ed-Dîn Djourdic et quelques autres, épièrent donc une des sorties de Schawer. Cette occasion favorable ne tarda pas à se présenter. La veille, Schirkoûh avait, lui aussi, eu un songe; il avait vu Schawer entrer chez lui et lui présenter son sabre et son turban. Ce songe pour Schirkoûh signifiait qu'il arrêterait son rival et prendrait sa place.

Un jour que Schirkoûh était allé au mont Karâfa faire une visite au tombeau du saint imâm, Es-Chaféï, fondateur vénéré de celle des quatre sectes orthodoxes de l'Islamisme que professaient Nour ed-Dîn et ses lieutenants, Schawer, montant à cheval, vint à son camp suivant son habitude pour lui faire visite et s'entretenir avec lui. Le vizir était en si grande cérémonie, avec une escorte si nombreuse, que les conjurés en furent d'abord intimidés et se tinrent à l'écart. Il faisait, ce jour-là, une brume épaisse. Schawer était sorti du Kaire par la porte du Pont, Bab el-Kantarah, construite par Djauher dans le voisinage du pont élevé sur le canal et qui conduisait au Maksam. Salah ed-Dîn Youssof et Izz ed-Dîn Djourdic étant allés à sa rencontre avec un détachement de troupes, lui présentèrent leurs respects et l'informèrent que Schirkoûh faisait en ce moment une visite de dévotion. « Allons le trouver, » leur dit Schawer. Les deux escortes se mêlèrent cheminant pêle-mêle. A un moment, Salah ed-Dîn et son acolyte saisirent brusquement Schawer au collet, et, l'accablant d'injures, le désarçonnèrent. Enhardie par ce coup de main, la troupe syrienne tomba sur l'escorte de Schawer, fit main basse sur elle et massacra plusieurs hommes. Le reste, épouvanté, prit la fuite. Salah ed-Dîn, n'osant tuer le vizir sans l'autorisation de Schirkoûh, le conduisit à pied jusqu'à une petite tente où lui et ses complices attendirent fiévreusement qu'on leur apportât l'ordre d'exécution. Cependant, Schirkoûh, averti, accourait en hâte. A ce moment même, un eunuque lui apporta un rescrit du Khalife contenant la sentence de mort pour le malheureux vizir si brusquement tombé de si haut. Cet ordre fut sur-le-champ communiqué à Salah ed-Dîn qui égorgea Schawer et fit porter sa tête sanglante au palais. Cette tragédie eut lieu le 18 janvier 1169 de l'an du Christ, 17 du mois de *rebi'a second* de l'an 564 de l'Hégire.

Schirkoûh fit aussitôt après son entrée dans le Kaire. Voyant qu'il y avait une foule immense assemblée dans les rues, surexcitée par le drame qui venait de se passer, il eut des craintes pour sa vie et dit habilement à la multitude ces mots : « Le Commandant des croyants vous ordonne d'aller saccager la maison de Schawer. » Tous ces gens s'éloignèrent à l'instant pour aller piller, S'étant ainsi dégagé de la presse qui l'accablait, il se rendit au Palais auprès du Khalife Al-Âdd qui lui donna l'investiture comme son nouveau vizir, le fit revêtir des habits d'hon-

neur, insignes de cette dignité, et lui conféra
en même temps les titres d' « El-Malec el-
Manzour émir El-Djoïouch », c'est-à-dire de,
« prince victorieux, chef des troupes égyptiennes ». De là il se dirigea vers l'hôtel du
vizirat, le même que l'infortuné Schawer avait
occupé durant sa puissance; mais il n'y trouva
pas même un coussin pour s'asseoir, tant la
foule avait rapidement tout saccagé. Ayant
alors pris le haut commandement sur toute
l'Égypte, il le tint d'une main ferme et n'eut
plus ni rival ni adversaire. Devenu le véritable
maître de l'empire, il confia le gouvernement
des provinces à des personnes sur lesquelles
il pouvait compter et assigna aux troupes syriennes qui étaient venues avec lui en Égypte
un certain nombre de villes ou de territoires
à titre de bénéfices militaires. Son élévation
marque le triomphe absolu du parti anti-
étranger résolument hostile aux Francs.

« Quant à Al Kâmil, le fils de Schawer, dit
Ibn el Athîr, après que son père eut été tué, il
se jeta avec son frère el-Thayy et ses cousins

dans le Palais pour y chercher un refuge, et
depuis cette époque on n'entendit plus parler
d'eux. » Ibn Abou Taï dit, par contre, que le
Khalife les fit tuer, et, qu'au reçu de la tête de
Schawer, il envoya en retour à Schirkoûh celles
du fils du vizir et de ses neveux, étalées sur un
plat d'argent. Cet échange de ces sinistres et
terrifiants cadeaux était tout à fait dans le goût
de l'époque. Ibn el Athîr ajoute que Schirkoûh
regrettait que Kâmil eût péri, car il avait
appris les propos échangés entre lui et son père
et comment il avait empêché celui-ci d'assassiner le général syrien. « J'aurais désiré, disait
Schirkoûh, qu'il vécût, afin de le récompenser
de sa conduite. »

Schirkoûh montra de son élévation une joie
extrême. Le Khalife lui envoya des patentes
enveloppées, suivant l'usage, dans une étoffe
de soie blanche. Elles étaient rédigées par son
secrétaire El-Kadi 'l Fadel, « l'excellent Kadi »,
le futur vizir de Saladin, et commençaient
ainsi : « Au nom de Dieu miséricordieux et
clément ! de la part du serviteur de Dieu et de

son protégé Abou Mohammed, imâm (1), qui
soutient la religion de Dieu (2), Commandeur
des croyants, au seigneur illustre El-Malek el-
Mansour, sultan des armées, ami des imâms,
protecteur du peuple, Asad ed-Dîn Abou'l-
Hareth Schirkoûh, serviteur d'Al-Âdîd; que
Dieu soutienne par son bras la religion, et
qu'il le fasse vivre longtemps pour le bien du
commandeur des croyants; qu'il maintienne
son pouvoir et qu'il exalte sa parole! Salut à
toi. Nous te faisons entendre les louanges que
nous adressons à Dieu, à celui qui est le Dieu
unique, et nous le prions de verser ses grâces
abondantes sur Mohammed, sur la race pure
des descendants de Mohammed et sur les imâms
bien dirigés. » Venait ensuite un paragraphe
dans lequel Al-Âdîd déléguait à Schirkoûh
l'administration des affaires du khalifat et lui
adressait des recommandations; mais j'omets
ce passage pour abréger. Sur la marge supérieure de ce document se trouvaient écrits, de

(1) C'est-à-dire « Khalife ».
(2) « Al-Âdîd li-Dîn-Illah ».

la main du Khalife en personne, les mots suivants : « Ceci est un acte de délégation dont
jamais le pareil ne fut dressé en faveur d'un
vizir. En vous chargeant du dépôt que le Commandeur des croyants vous a confié, montrez-
vous digne de le garder. Recevez avec fermeté
de cœur cet écrit tracé par le Commandant des
croyants et marchez en traînant le pan de la
robe de la fierté, car l'emploi qu'on vous accorde
fera votre gloire jusqu'à la déconvenue du pro-
phétisme (1). »

Une si haute fortune excita la verve des
poètes. Des vers furent composés en l'honneur
de Schirkoûh. Voici le commencement d'une
pièce qui fut envoyée de Syrie par le « cateb »
ou écrivain Eïmad ed-Dîn el-Ispahani, attaché
au service de Nour ed-Dîn, plus tard secrétaire
de Saladin :

« C'est par le travail, et non en te jouant que

(1) Les Chiites croyaient que la faculté prophétique s'était
transmise de Mahomet aux mains de ses descendants. Le Khalife
fatemide employait donc cette expression pour désigner une
gloire qui durerait jusqu'à l'extinction de la famille du Prophète,
c'est-à-dire jusqu'à la fin du monde.

tu as acquis ce que tu possèdes ; souvent le repos se laisse cueillir dans le verger de la fatigue.

« O Schirkoûh, fils de Chadi ! la royauté est le souhait fait en ta faveur par ceux qui proclament ton nom et qui te font ainsi reconnaître comme le meilleur fils du meilleur des pères.

« Les rois, dans la carrière de la gloire, n'ont pu, en allant au galop, faire autant de chemin que toi qui allais à l'amble.

« Jouis, par la conquête de l'Égypte, d'un rang auquel les autres princes n'ont jamais pu atteindre et qui surpasse en élévation tous les autres rangs.

« La conquête du pays est une proie mise à la portée du lion de la religion (1) ; qu'il se hâte donc de sauter sur cette proie. »

Abou Chamah, dans le *Livre des deux Jardins*, cite encore au sujet de ces événements des vers de l'historien et poète contemporain Abou Hamzah Omarat El-Yemeni : « Vous

____

(1) En arabe « Asad ed-Dîn », titre de Schirkoûh.

avez enlevé aux Francs leurs défilés et à vos cavales agiles vous criez : « Sus à Morri ! » Et quand bien même ils jetteraient un pont par-dessus le désert, vous le renverseriez avec un océan de fer. »

« Quand le pied de Schirkoûh fut affermi, dit Ibn el Athîr, et alors qu'il s'imaginait qu'il ne lui restait plus d'adversaire, le terme de ses jours survint ! « Mais au moment où ils se ré-« jouissaient à cause des biens qu'ils avaient « reçus, nous les rappelâmes tout à coup à nous, « au moment où ils s'y attendaient le moins, » dit le Coran (1).

« Asad ed-Dîn Schirkoûh avait établi son autorité sur un bon pied en Égypte et ne voyait plus devant lui aucun adversaire à redouter; son bonheur en ce monde était pur de tout mélange, sa puissance était parvenue au plus haut degré, et tout le monde, de près ou de loin, et les Francs surtout, le craignaient,

(1) VI, 44.

quand l'ordre de Dieu lui survint, ordre auquel
personne ne peut se soustraire et contre lequel
aucun prince ne peut se défendre, quelque
nombreuse que soit son armée, quelque fortes
que soient ses richesses. »

Le triomphant vizir mourut, en effet, après
deux mois et cinq jours de vizirat seulement, le
samedi 22 du mois de *djomada second* de
l'an 564 de l'Hégire qui correspond au 23 mars
de l'an du Christ 1169. Ibn Abou Taï dit qu'il
mourut d'une indigestion parce qu'il était trop
gros mangeur. « Il aimait tant les aliments
grossiers qu'il avait fréquemment des indiges-
gestions et des étouffements. Il en revenait
après de vives souffrances; mais une maladie
grave, l'ayant atteint, amena une angine dont il
mourut par une suffocation terrible. Dieu lui
fasse miséricorde! » Ses derniers discours à
ses frères d'armes avaient été pour les conjurer
de ne plus jamais songer à quitter l'Égypte.
Sur son désir formel, sa dépouille fut, plus tard,
transportée à Médine pour y être enterrée.

Schirkoûh et son frère Ayoub, le père du

fameux Saladin, étaient de race kurde, originaires du territoire de Tovin, une des antiques
capitales de l'Arménie. Les deux frères, après
diverses vicissitudes, après avoir été longtemps
au service du terrible Zenguî, l'infatigable
ennemi des Francs de Terre Sainte, avaient
passé à celui de Nour ed-Dîn auquel ils avaient
rendu les plus signalés services et qui avait
finalement donné à Schirkoûh, avec les fiefs
de Homs et de Raheba, le commandement en
chef de son armée.

Lorsque Schirkoûh mourut ainsi prématurément au Kaire, son neveu Salah ed-Dîn était,
je l'ai dit, auprès de lui. C'était tout à fait à
contre-cœur, nous le savons, qu'il l'avait
accompagné dans cette expédition. Voici, dit
Ibn el Athîr, dans son *Histoire des Atâbeks de
Mossoul*, ce qu'il raconta lui-même à ce sujet :
« Lorsque les lettres adressées par le gouvernement égyptien à Nour ed-Dîn, dans le but
d'obtenir son appui et l'envoi de secours, lui
furent arrivées, il me fit appeler et m'informa

de ce qui se passait. Puis il me dit : « Va trouver
« ton oncle Asad ed-Dîn (c'est-à-dire Schirkoûh)
« à Homs (1); tu t'y rendras avec mon messager,
« qui doit lui apporter l'ordre de venir me voir.
« Tu presseras ton oncle de venir ici au plus
« vite; car il s'agit d'une affaire qui n'admet pas
« de retard. » Nous partîmes d'Alep, et, à la distance d'un mille de la ville, nous rencontrâmes
mon oncle qui s'y rendait expressément pour
cette affaire. Nour ed-Dîn lui dit de faire ses
préparatifs et de partir pour l'Égypte. Au premier moment il hésita d'obéir, en prétextant
d'abord sa crainte de quelque trahison de la
part des Égyptiens, et ensuite son inhabileté à
subvenir aux frais que la mise en campagne des
troupes devait occasionner. Nour ed-Dîn lui
offrit des hommes et de l'argent et lui dit : « Si
« tu tardes à partir pour l'Égypte, il faudra abso-
« lument que je m'y rende en personne. Si nous
« ne nous occupons pas de ce pays, il tombera
« au pouvoir des Francs, et alors nous ne pour-

(1) Émèse.

« rions plus nous maintenir en Syrie contre
« eux. » Mon oncle se tourna alors vers moi et
dit : « Youssof (1), fais tes paquets ». En
recevant cet ordre, je me sentais frappé au cœur
comme d'un coup de poignard, et je répondis :
« Par Allah! si l'on me donnait tout le royaume
« d'Égypte, je n'irais pas: j'ai souffert à Alexan-
« drie des choses que je n'oublierai jamais! »
Mais mon oncle dit à Nour ed-Dîn : « Il faut
« absolument qu'il vienne avec moi! » Nour ed-
Dîn réitéra donc ses ordres. Vainement je le
priai de m'en dispenser. J'eus beau lui exposer
l'état de gêne où je me trouvais; il me fit
remettre de l'argent pour mes frais de mise en
campagne et je partis comme un homme qu'on
mène à la mort. Nour ed-Dîn, bien qu'il fût
d'un caractère doux et compatissant, savait se
faire craindre et respecter. Donc, je partis avec
mon oncle Asad ed-Dîn qui s'empara de
l'Égypte, après quoi il mourut, et Dieu me mit

(1) Ou « Joseph ». C'était le nom particulier de Saladin.
Salah ed-Dîn était son surnom signifiant « Bonheur de la Religion ». Nous en avons fait Saladin. Enfin, en devenant vizir, il
prit le titre honorifique d'El-Malek en-Nâcer

dans les mains une fortune dont je n'espérais pas même une partie, c'est-à-dire la souverai-neté de l'Égypte, sans que je m'y attendisse. » Voilà ses paroles telles qu'on me les a rappor-tées. »

Après la mort de Schirkoûh, plusieurs émirs, en effet, parmi les premiers de l'armée de Syrie qui se trouvaient au Kaire, dont les chroni-queurs arabes donnent les noms, aspirèrent au pouvoir, visant au commandement de l'armée et à la dignité du vizir. Mais le Khalife Al-Âdîd, trois jours après la mort du vizir, le 26 mars 1169, fit venir auprès de lui Salah ed-Dîn, le revêtit de la pelisse, de la robe et du turban d'hon-neur, et lui accorda le vizirat en place de son oncle. L'élévation du nouveau premier mi-nistre qui devait être un des souverains les plus fameux de ce monde fut célébrée par une fête splendide.

« Les conseillers du Khalife, poursuit Ibn el Athîr, lui avaient conseillé de choisir Saladin pour le poste de vizir parce qu'il était le plus jeune et semblait le plus inexpérimenté et le plus faible, et ainsi ne lui ferait pas d'opposition.

« Le Khalife, en effet, croyait qu'en donnant le vizirat à une personne qui n'avait ni troupes ni partisans pour l'appuyer, il pourrait facilement la diriger à son gré, et qu'elle n'oserait pas lui résister. Il avait aussi le dessein d'envoyer des émissaires auprès des troupes venues de Syrie, afin de les attirer à son parti. Il s'imaginait qu'après avoir gagné une partie de cette armée il pourrait facilement expulser le reste et rentrer en possession du pays. Il croyait qu'avec l'aide de ces auxiliaires il pourrait défendre l'Égypte contre les Francs et contre Nour ed-Dîn. Mais « j'en voulais à Amr et Dieu en voulut à Kharedja (1). »

Ibn el Athîr fait encore ainsi parler en cette occasion les conseillers du Khalife : « Entre tous les émirs de l'armée de Syrie, il n'y en a aucun de plus faible ni de plus jeune que Yous-

_____

(1) Ces paroles furent prononcées par un fanatique qui, ayant voulu assassiner Amr Ibn el-Aci, gouverneur d'Égypte, se trompa d'homme et tua Kharedja Ibn Hodefa, un des officiers d'Amr.

sof. La prudence consiste donc à lui donner la préférence; certes, celui-là ne sortira pas de l'obéissance qui nous est due; puis nous mettrons à la tête des troupes quelqu'un qui les disposera en notre faveur. Nous aurons alors près de nous assez de milices pour défendre, avec leur aide, la contrée; après quoi nous nous emparerons de la personne de Youssof, ou bien nous l'expulserons. »

Mais, suivant la remarque de l'historien des Atâbeks, « Dieu en avait décidé autrement » et le Khalife devait trouver sa ruine là où il fondait ses espérances. »

Au reste, Saladin, poursuit Ibn el Athîr, s'était d'abord refusé à l'invitation du Khalife et recula devant l'idée d'occuper une position aussi élevée; mais, forcé par les instances du prince, il avait fini par accepter malgré lui, semblable à ces êtres dont il est dit qu'« il faudra les tirer avec des chaînes pour les faire entrer au paradis ».

« Cette résistance de pure forme, dit fort bien M. H. Derenbourg, ne demandait qu'à capituler : trois jours après la mort de son oncle,

Saladin se décida à se rendre au palais et le Khalife Al-Adîd le revêtit de la robe, du turban et des autres emblèmes du vizirat. Ibn Abou Taï énumère les marques suivantes de cette dignité : un turban blanc d'une étoffe brochée d'or, une robe avec une tunique doublée d'écarlate, un manteau d'une étoffe très fine, un collier valant à lui seul dix mille dinârs, une épée enrichie de pierreries de la valeur de cinq mille dinârs, une jument alezane, tirée des propres écuries du Khalife, et la plus agile qu'on eût pu trouver dans toute l'Égypte; elle était estimée huit mille dinârs; le collier de la jument, la selle et la bride étaient enrichis d'or et de perles; les caparaçons étaient d'or, etc.

Le jour où Saladin prit possession de l'hôtel du vizirat fut comme un jour de fête. Ibn Abou Taï rapporte que tous les grands de l'État et les émirs d'Égypte et de Syrie se pressèrent autour de sa personne. On lut à l'assemblée le diplôme d'investiture (1) et chacun des assistants reçut

(1) La copie du diplôme d'investiture de Saladin comme vizir

de Salah ed-Dîn quelque riche présent. Tout le peuple prit part à la fête. De toutes parts on entendait pousser des cris de joie et retentir des acclamations. Quant au Khalife, il abdiqua en réalité le jour où il décerna à ce « deuxième Joseph » le titre de sultan, où il lui accorda spontanément dans un diplôme le surnom honorifique d' « El Malek en-Nâcer », « le roi défenseur, » ce qui, par extension, signifie en arabe « le roi victorieux ».

Saladin ne songea plus qu'à se montrer digne du haut poste qu'il occupait. A mesure que son autorité s'établissait dans le pays, celle du Khalife diminuait. Jusque-là, il s'était fait remarquer par un caractère impétueux et léger. Il changea subitement du tout au tout, et n'eut pas de peine à gagner rapidement les cœurs du Khalife et de son entourage. « Reconnaissant des faveurs de Dieu, dit Abou Chamah,

se trouve conservée dans la Bibliothèque royale de Berlin, dans un des manuscrits de la collection Wetzstein. Cette copie ne comprend pas moins de quatre-vingt-dix-huit feuillets in-8°.

son historien, il renonça au vin et à toutes les séductions du plaisir. Il revêtit la tunique de la vie sérieuse et appliquée, ne s'en dépouilla jamais, et redoubla de zèle jusqu'à ce que Dieu, dans sa miséricorde, le rappelât à lui. Dans le début, il ne se considérait que comme gouverneur au nom de Nour ed-Dîn, dont il faisait aussi dire le nom à côté de celui du Khalife dans la prière du vendredi. »

« Le pied de Saladin ne tarda pas à se raffermir, dit Ibn el Athîr; néanmoins il n'exerçait l'autorité qu'en qualité de lieutenant de Nour ed-Dîn, et ce prince, en lui écrivant, lui donnait les titres d'émir et de général et traçait son *ilamah* ou « parafe » en tête de la lettre, croyant au-dessous de lui d'y inscrire son propre nom. Il ne lui adressait pas ses lettres en particulier, mais il se servait de cette formule : « L'émir, le général Salah ed-Dîn et tous les émirs présents en Égypte se conduiront de telle et telle sorte. »

Mais graduellement Saladin devint de plus en plus indépendant. Il donna à ses parents les situations les plus influentes, entre autres celle de trésorier à son frère Nedjm ed-Dîn Ajjoub arrivé en Égypte en avril 1170, après que celui-ci eut refusé la dignité d'émir, et fit de plus en plus le Khalife dépendant de lui, tellement que Nour ed-Dîn observa la fortune de son lieutenant avec une anxiété croissante.

Dans son beau livre sur la vie de l'émir mounkidhite Ousâma, M. Derenbourg signale un curieux souvenir de cette élévation subite de Saladin à la toute-puissance en Égypte. Ousâma, vieilli, végétait à ce moment en disgrâce dans le Dyâr Bekr. Autrefois il avait connu Saladin lorsqu'en 1154 celui-ci, alors âgé de dix-sept ans, était venu à Damas avec son père pour offrir ses services à Nour ed-Dîn, qui les avait acceptés. La réclusion de l'ancien émir de Schaizar n'était pas une prison fermée aux bruits du dehors. Il apprit la fortune de Saladin et s'empressa de saluer le soleil levant, dans l'espoir d'être un jour éclairé et réchauffé par ses rayons. Saladin certainement fit tomber de loin sur lui « quelques gouttes » de ses bienfaits et le vieil émir reconnaissant lui adressa

une épître en vers dont voici le commencement : « O toi, qui vis dans les demeures de
l'affection, tes signes distinctifs sont les gouttes
de tes bienfaits et l'on admire chez toi la générosité abondante, torrentielle du victorieux (1).

« Grâce à lui, l'Égypte a retrouvé la beauté
et l'éclat de sa jeunesse, après avoir été courbée
par l'âge.

« Que de prétendants à sa main elle a repous-
sés comme indignes d'elle, jusqu'à ce qu'elle ait
été demandée en mariage par un prétendant,
lui offrant son épée comme dot!

« Il l'a défendue comme le lion défend sa
tanière; il l'a protégée comme le bord d'une
paupière défend un œil contre l'atteinte du fétu
de paille.

« On y voyait une mer en fureur, devenue au
lendemain matin une mer formée par les flots
doux et limpides de sa générosité. »

Un nouveau danger pour Saladin provint des
partisans directs du Khalife dont le gouverne-

(1) Allusion au titre d'El-Malek en-Nâcer, « le roi défenseur »,
ou « victorieux », porté par Saladin.

ment, outre qu'il représentait la foi chiite, c'est-
à-dire précisément l'opposé du sunnite Saladin,
avait toujours été faible et en conséquènce
fort doux. A la tête de ces mécontents se trouvait un eunuque noir tout-puissant au Château
où il commandait en maître et qui portait le titre
de « Moutamen el-Khilafah (1). » Ce personnage alla jusqu'à réclamer à nouveau contre le
nouveau maître de l'Égypte l'appui du roi
Amaury, mais son envoyé fut arrêté sur la route.
Voici le récit d'Abou Chamah dans le *Livre des
deux Jardins* (2). Ce récit est si intéressant que
je n'hésite pas à le reproduire en entier :
« Moutamen el-Khilafah, dit le chroniqueur,
convint avec ses compagnons qu'ils entreraient
en correspondance avec les Francs, afin de
s'emparer des partisans d'Asad ed-Dîn et de
ceux de Salah ed-Dîn. Ils se proposaient,
lorsque Salah ed-Dîn conduirait son armée

---

(1) « L'homme de confiance du khalifat »; ce titre était donné
d'ordinaire au surintendant des finances.

(2) *Hist. or. des Cr.*, t. IV, pp. 145-146. Voyez le récit parallèle
d'Ibn el Athîr, *Ibid.*, t. I, p. 566. Voy. encore Wüstenfeld, *op.
cit.*, pp. 344 à 347.

contre les Francs, de surprendre la garnison qu'il aurait laissée au Kaire, puis de tomber sur ses derrières et d'achever ainsi sa défaite. C'est dans ce sens qu'ils écrivirent aux Francs. Or, il arriva qu'un Turkoman, en passant à El-Bir El-Beïdha, « le puits blanc, » rencontra un homme déguenillé ayant sur lui deux sandales neuves qui n'avaient aucune trace d'avoir été employées à la marche. Il trouva la chose singulière, prit ces sandales et les porta chez Salah ed-Dîn; ce prince les fit découdre et y saisit la correspondance que les gens du Château adressaient aux Francs pour provoquer un coup de main qui ferait réussir leur complot. Une fois la lettre en son pouvoir, le sultan fit rechercher le copiste qui l'avait écrite; c'était un homme de la tribu des Juifs. On le fit venir pour l'interroger et lui faire subir le châtiment mérité. Mais, avant de répondre, cet homme prononça la formule de foi musulmane. « Il n'y a d'autre Dieu qu'Allah, et Mohammed est son prophète, » sous laquelle il s'abrita; puis il avoua sa faute, mit à jour l'édifice de ses ruses et affirma qu'il n'avait pas la responsabilité de ce crime et que Moutamen el-Khilafah en était le seul auteur. Le sultan approuva la conversion de cet homme, respecta l'immunité qu'elle lui donnait et lui sut gré de sa soumission; il jugea prudent aussi de garder sur cette affaire un secret absolu. Quant à l'eunuque rebelle, il fut saisi d'effroi; craignant d'être coupé en deux morceaux pour sa tentative séditieuse, il n'osait plus sortir du Château, ou, s'il sortait, il ne s'éloignait guère. Mais Salah ed-Dîn, si courroucé qu'il fût, dissimulait et ne prenait aucune mesure contre le coupable, comptant qu'il courrait de lui-même à sa perte et qu'un forfait aussi odieux se révélerait spontanément. L'eunuque avait un château dans le village de Kharrakanyah. C'est dans cette résidence voisine de Kalyoub que cet homme se rendit, un jour, pour s'y divertir en secret. Il ne doutait guère que ce jour était celui de sa ruine et que la dernière heure de sa vie et de sa puissance était arrivée. Des agents envoyés par le sultan lui coupèrent la tête et lui arrachèrent ses vêtements. Ceci se passait le mercredi 25 *dsoul-kaddeh* de l'an 564 de l'Hégire (1). »

Le chroniqueur ajoute : « Ce meurtre souleva les Noirs, et ils se révoltèrent au nombre de plus de cinquante mille. Or, pour eux, se révolter, c'était massacrer le vizir, détruire, ruiner, piller et s'approprier ses biens, car ils prennent « tout ce qui est blanc pour de la graisse, tout ce qui est noir pour du charbon » (2). Mais les troupes de Salah ed-Dîn se précipitèrent au combat sous les ordres de l'émir Abou'l-Heïdja. Une lutte longue et acharnée s'engagea entre les deux Châteaux; pendant deux jours elle se continua terrible entre les révoltés et l'armée qui les enveloppait des deux côtés; déjà l'odeur des cadavres attirait les corbeaux. Chaque quartier où les Noirs se réfugiaient était incendié; partout la retraite leur était coupée; enfin, rejetés sur Gizeh, ils furent chassés honteusement de leurs chères

(1) 20 août 1169.
(2) Locution proverbiale dans le sens de « se fier aux apparences, se laisser duper ».

demeures, le samedi 28 du mois de *dsoulkad-deh* (1). Désormais leur perte était certaine et il ne leur restait aucune espérance de salut; partout où ils s'arrêtaient, on les prenait et on les égorgeait. Ils possédaient près de Bab Zoueïla un quartier riche et prospère nommé « El Mansourah »; il fut détruit de fond en comble et changé en une vaste solitude. Plus tard, un émir en fit cultiver le sol et le transforma en verger! »

« Voici encore, écrit Abou Chamah, un épisode curieux de cette bataille. Le Khalife Al-Âdîd en suivait les vicissitudes entre les deux Châteaux du sommet d'un pavillon élevé. On prétend qu'il ordonna aux gens du Château de faire pleuvoir des flèches et des pierres sur les troupes syriennes et que cet ordre fut exécuté; d'autres disent cependant que ce fut contre son gré. Chems ed-Daulah, frère aîné de Salah ed-Dîn, arrivé depuis peu de Damas avec des renforts envoyés par Nour ed-Dîn et qui assista

____

(1) 23 août 1169.

en personne à l'affaire des Noirs et y déploya
une grande valeur, donna alors à ses artilleurs
l'ordre d'incendier par le naphte le pavillon
d'Al-Âdîd. Déjà un de ces hommes se mettait
à l'œuvre, quand la porte du pavillon s'ouvrit
et le Za'îm el-Khilafah (1) sortit en criant : « Le
prince des Croyants salue Chems ed-Daulah
et lui dit : « Courez sus à ces chiens d'esclaves
« et chassez-les de notre pays. » Or les Noirs
étaient fermement persuadés que leur conduite
avait l'approbation du Khalife; quand ils enten-
dirent ces paroles, le découragement les saisit;
ils tournèrent bride, se débandèrent et prirent
la fuite. »

(1) Littéralement : « Le chargé d'affaires du khalifah »; c'était
le titre donné à un des principaux officiers de l'intérieur du
Palais sous les Fatemides.

CHAPITRE IV

Les Chrétiens du royaume de Jérusalem étaient, sur ces entrefaites, arrivés à cette conviction que la situation politique de leur malheureux pays était, depuis la perte de l'Égypte, devenue plus grave et plus dangereuse que jamais. Le grand chroniqueur contemporain Guillaume de Tyr, qui attribue la fin sans gloire de toute la dernière expédition en Égypte au seul Miles de Plancy, s'écrie : « En cette chose put-on voir comment ardeur de convoitise fait mal quand elle est enracinée en cœur de haut prince. Ainsi que le roi alla en cette dernière fois en Égypte, son règne était en paix et assuré; de ce côté de grandes richesses lui venaient chaque année de cette terre, aussi lui obéissaient les Égyptiens comme ceux de Syrie; devers midi était bien clos notre royaume; les marchands de nos cités allaient sûrement en leur pays par mer et par terre et revenaient de même en la notre contrée; marchandises de maintes manières allaient et venaient souvent par nos terres, si bien que les chrétiens y avaient grand honneur et profit; mais dès lors que Syracons (1) fut sire, fut la chose moult changée, parce que celui-là était puissant et sage; par mer, n'osaient nos gens aller vers la terre d'Égypte; eux au contraire' avaient le pouvoir de venir en nos terres, de faire siège autour de nos cités par mer et par terre; de toutes parts avaient peur et soupçon de lui. En cette grande mésaventure nous mit

(1) Schirkoûh.

la convoitise d'un seul homme; que Notre Sire lui pardonne! »

A la suite de ces craintes si grandes, on résolut d'implorer une fois encore l'aide des puissances européennes par une ambassade extraordinaire. Le patriarche Amaury, l'archevêque Hernesius de Césarée, l'évêque Guillaume de Saint-Jean-d'Acre furent envoyés en Occident avec des lettres à l'empereur Frédéric I", aux rois Louis VII, Henri II et Guillaume, de France, d'Angleterre et de Sicile, aux comtes Philippe, Henri et Thibaut de Flandre, de Troyes et de Chartres. C'était toujours en l'an 1169. Aucun original, aucune copie de ces lettres missives ne sont parvenus jusqu'à nous.

« Cil, dit l'*Histoire d'Eracles* (1), atornèrent leurs voiles et montèrent sur mer et se partirent del port. Mès la seconde nuit sourdi une tempeste trop grant, si que leur maz peçoia, li gouvernaill froissierent, la nef meisme fendi, si

____

(1) Guillaume de Tyr, *op. cit.*, p. 960.

que par grant perill s'en eschapèrent et revindrent au tierz jor au port. »

Plus jamais, poursuit le chroniqueur, on ne put décider ces saints et hauts personnages à affronter ce grand péril de mer.

Il fallut nommer de nouveaux ambassadeurs qui furent cette fois, sur les supplications du roi et des autres barons, notre cher et illustre chroniqueur en personne, le fameux Guillaume de Tyr, un de ses suffragants l'évêque Jean de Banias, Guibert, précepteur des chevaliers de Saint-Jean-de-Jérusalem, Arnulf de Landast enfin. En juillet 1169, ces vénérables personnages, ayant eu « meillor vent », arrivèrent sains et saufs auprès du pape Alexandre III auquel ils dépeignirent en termes aussi éloquents que touchants le péril extrême des Lieux saints. Ils étaient déjà recommandés de la manière la plus véhémente par le patriarche Amaury au roi Louis VII, par le roi Amaury à l'archevêque de Reims. Alexandre III les recommanda non moins vivement à celui-ci comme à tous les disciples du Christ. De Rome, ils se rendirent à Paris, où ils arrivèrent dans le courant de septembre. Ils y renouvelèrent leur appel désespéré et remirent au roi Louis VII, avec les lettres d'Amaury I", les clefs mêmes des portes de Jérusalem. Le roi lut les lettres et apprit, ému jusqu'aux larmes, le récit de la détresse croissante et du péril de la Terre Sainte, mais expliqua qu'il ne pouvait porter à celle-ci aucune aide, parce que le roi Henri II d'Angleterre était pour lui un trop malfaisant voisin. Les pieux légats débarquèrent ensuite en Angleterre. Le roi Henri écouta leur requête avec une non moindre émotion, mais ils n'obtinrent pas un résultat plus favorable qu'en France. Ce fut en vain qu'ils supplièrent ce prince de faire la paix avec Louis VII, seul moyen de pouvoir préparer un appui au royaume de Jérusalem. Henri les repoussa si bien de délai en délai qu'ils durent reprendre le chemin de la France sans avoir pu rien conclure. Ce ne fut qu'après une absence de deux années, après que Jean, évêque de Banias, fut mort dès le

12 octobre 1169 à Paris, où il fut enterré dans l'église Saint-Victor, à gauche, à l'entrée du chœur, que Guillaume de Tyr put rentrer dans sa patrie, de retour de son pénible et inutile voyage.

Nous avons dit plus haut (1) comment le roi Amaury et le basileus Manuel avaient conclu une alliance pour une action en commun contre l'Égypte. La mise à exécution de ce projet eut lieu en cette même année 1169, sans qu'on voulût même attendre la réponse des souverains d'Occident, tant le péril semblait grand. Le 8 juillet de cette année, le mégaduc Andronic Kontostéphanos, généralissime des forces byzantines destinées à opérer en commun avec les forces franques, mit à la voile avec une division de la flotte pour le petit port de Meliboton où, suivant l'historien Nicétas Choniates auquel nous sommes redevables de presque tous les détails de cette expédition, il reçut de la main du basileus Manuel, qui était venu en personne pas-

____

(1) Voy. pp. 182 sqq. et RÖHRICHT, *op. cit.*, p. 336.

ser en revue ce vaste armement, les dernières instructions nécessaires. De là, par Koilia, autre petite localité en face d'Abydos, tout près de Sestos, où il embarqua encore des troupes d'élite et des mercenaires des hétairies, Andronic, poussé par des vents favorables, gagna les parages de Chypre. A la hauteur de cette île, il rencontra une flotte ennemie de six navires envoyée en reconnaissance. Il prit de force deux de ces bâtiments. Les quatre autres qui suivaient à quelque distance réussirent à fuir. Puis le généralissime aborda heureusement à Chypre, d'où il écrivit au roi Amaury, pour réclamer de lui des informations plus précises, pour savoir surtout s'il devait l'attendre dans cette île ou tout au contraire aller en personne le trouver dans sa capitale de Jérusalem pour y discuter ensemble du plan de leur commune campagne. Après une longue attente, amenée par certaines hésitations du roi, sur lesquelles l'historien Nicétas Choniates insiste assez longuement, Konstostéphanos reçut enfin l'invitation de venir à Jérusalem pour y conférer avec Amaury.

Sur ces entrefaites, un premier échelon de la
flotte impériale, fort de soixante navires, sous
le commandement de Théodore Maurozoumès,
un des plus familiers confidents du basileus,
auquel s'était joint le comte Alexandre de Con-
versano d'Apulie, également très en faveur
auprès de Manuel, avait été expédié en avance
au roi par Andronic, non point tant pour lui
annoncer sa venue imminente que pour le
presser de veiller aux préparatifs des approvisionnements et subsistances nécessaires pour
ce grand effort maritime. Cette première armée
navale ne précéda que de peu le généralissime
byzantin en Syrie. Et quand enfin Andronic
en personne, avec le restant de son escadre,
atteignit vers la fin de septembre le port de
Tyr, on vit réunis sur cette rade célèbre cent
cinquante bateaux grecs à éperon, chacun
armé de deux rangs de rames, plus soixante
plus grands bâtiments de transport et de dix
à douze dromons. Toute cette flotte réunie
cingla ensuite de Tyr à Acre. Guillaume de Tyr
dit que les Grecs tinrent leurs nefs tout en

paix dans ce dernier endroit entre le fleuve et le port et qu'elles étaient bien belles à voir. Nicétas dit qu'elles étaient plus de deux cents, toutes de grande taille, parmi lesquelles dix provenant d'Épidamnos, c'est-à-dire de Dyrrachion d'Illyrie, aujourd'hui Durazzo, et six de l'île d'Eubée. Ces derniers bâtiments, montés par des contingents nationaux, se distinguaient, parait-il, par leur incroyable célérité (1).

Enfin, dans le commencement d'octobre, on résolut, dans le grand conseil de guerre réuni à Jérusalem et sur l'avis du roi, d'aller assiéger Tanesion, la Tanis d'aujourd'hui, et Tunion, petites villes mal défendues dans de vastes plaines au bord de la mer, faciles à prendre,

(1) Ibn el Athîr dit que la flotte grecque comptait deux cent soixante bâtiments. Dans le *Kamel Altevaryck*, il donne par contre le chiffre de trois cents. La dépêche de Saladin, citée dans Abou Chamah, dit mille. Guillaume de Tyr dit : cent cinquante galères fortes et bien faites à deux paires de rames, plus soixante autres nefs que l'on nomme « huissiers », destinées au transport des chevaux, avec portes de côté et ponts pour l'embarquement et le débarquement de ceux-ci, plus deux grandes nefs nommées « dromons », chargées de provisions et du matériel de guerre, engins, perrières, mangonneaux et autres. — Dandolo donne le chiffre de cent navires seulement. A qui croire?

contenant de nombreux habitants chrétiens. Nicétas insiste encore ici sur les hésitations extrêmes du roi Amaury, hésitations qui fort exaspéraient le mégaduc Andronic. Celui-ci craignait de voir, grâce à ces lenteurs, échapper l'occasion favorable. Après le mois d'août, celui de septembre avait passé. Alors on fut d'accord au moins sur la question des villes d'Égypte à attaquer. D'autres difficultés surgirent. Le roi préférait de beaucoup la route de terre et chercha à l'imposer au mégaduc.

Amaury convoqua pour le 15 octobre son ost dans la campagne d'Ascalon après qu'il eut laissé en arrière une force suffisante pour la défense du royaume. Ce fut sous les remparts de cette forteresse que les troupes grecques de terre, arrivant probablement d'Antioche, rejoignirent l'armée franque, tandis que la flotte impériale avait déjà mis à la voile, cinglant droit vers l'Égypte. Le 16 octobre, les forces chrétiennes combinées se mirent en marche. Obligées à de nombreux et immenses détours, parce que les pistes longeant les rivages venaient d'être violemment inondées par une mer démontée qui avait rompu les dunes et créé d'immenses étangs en augmentant démesurément la capacité de ceux existant déjà, elles n'atteignirent Faramia que neuf jours après. Ici il fallut passer en barques le premier bras du Nil. Le surlendemain, 27 octobre, l'armée franco-byzantine, laissant Tanis sur la gauche, était devant Damiette dont on résolut de faire le siège. Le commandant de cette place pour le Khalife était pour lors Chems el-Khawass Mankuwi-rasch. Trois jours après, les flottes latine et byzantine apparurent à leur tour devant cette ville. Elles ne purent pénétrer dans son port étroitement fermé par une forte et double chaîne (1).

(1) Le chroniqueur arabe Khalil Dhaher (Voy. SILVESTRE DE SACY, *Chrestomathie arabe*, éd. de 1826, II, p. 7) s'exprime comme suit :

« En cet endroit sont deux tours bâties, l'une dans Damiette, l'autre en face de celle-ci, sur la rive occidentale du Nil. Les vaisseaux qui y prennent terre passent entre ces deux tours, auxquelles est attachée une chaîne, afin qu'aucun bâtiment ne puisse y passer sans avoir obtenu la permission du commandant de la place. Ces chaînes puissantes, dans les ports des cités du moyen âge oriental, n'étaient pas seulement destinées à permettre le prélèvement des droits de douane ; elles étaient aussi un très efficace moyen de défense. »

« Au mois de *safer* de l'an de l'hégire 565
(qui correspond à la fin d'octobre et au commencement de novembre de l'an du Christ
1169), les Francs, que Dieu confonde, dit Ibn
el Athîr (1), débarquèrent près de Dimyâth en
Égypte et l'assiégèrent (2). Leurs guerriers,
soutenus par les envois d'argent, d'hommes et
d'armes d'Occident, avaient convenu de débar-
quer près de Damiette, dans la pensée qu'ils
s'empareraient de la ville et s'en serviraient
ensuite comme d'un point d'appui pour conquérir le reste de l'Égypte. « Mais Dieu ren-
« voya les infidèles déçus et irrités de n'avoir
« obtenu aucun avantage (3). » Les ennemis
réunis contre lui assiégèrent la ville et resser-
rèrent ceux qui s'y trouvaient. Salah ed-Dîn
fit aussitôt partir des troupes par le Nil, y joignit
tous les guerriers qui étaient près de lui, et les
assista d'argent, d'armes et de munitions; puis

(1) *Hist. or. des Cr.*, t. I, p. 568.

(2) Nicétas dit qu'auparavant les alliés avaient pris, sans
presque rencontrer de résistance, les deux petites places de
Tanesion et de Tunion, dont il a été question plus haut.

(3) Coran, xxiii, p. 25.

il députa un messager à Nour ed-Dîn, afin de lui exposer le danger où il se trouvait. « Si, lui « disait-il, je diffère de secourir Damiette, les « Francs s'en rendront maîtres, et, si je marche « vers elle, les Égyptiens profiteront de mon « absence pour attaquer nos familles et nos « biens ; ils sortiront de mon obéissance et m'at- « taqueront par derrière, tandis que j'aurai les « Francs en tête. Personne de nous n'échap- « pera. »

Les sources arabes, je l'ai dit, placent le commencement de ce siège fameux dans les débuts du mois de *safer* de l'an 565 de l'Hégire, par conséquent dans les derniers jours du mois d'octobre 1169 (1).

« Damiette, dit la version française de la *Chronique* de Guillaume de Tyr connue sous le nom d'*Estoire de Eracles Empereur*, est une des plus anciennes cités d'Égypte et bien assise près du second bras du Nil, là où il chiet

(1) RÖHRICHT, *op. cit.*, p. 345, note 3. Ainsi MAKRIZI (dans *Hama-ker*, p. 23), qui confirme l'assistance prêtée aux chrétiens d'Égypte par les Grecs et les Latins de Syrie.

en mer. Nequedant elle est loin de la mer entor un mille. Là s'en vinrent nos gens par terre la veille de la fête saint Symon et saint Jude et se logèrent entre la mer et la cité. Ils attendaient leurs nefs qui avaient le vent contraire qui ne laissait venir si tôt; mais au tiers jour fut la mer apaisée, si que toute leur navie vint avec eux et s'arrêta près de la rive du Nil. De l'autre côté du Nil il y avait une tour forte et haute et bien garnie de gens armés pour la défendre : de cette tour jusqu'à la cité il y avait une chaîne de fer tendue moult grosse qui tenait nos gens qu'ils ne pouvaient aller d'ilec en contremont, mais de Babilonie et del Cahere venaient nos gens tôt delivrement en la cité. Les notres, quand ils eurent bien atourné leur navie, ils se délogèrent de là où ils étaient et trespassèrent les jardins; leur pavillons (leurs tentes) tendirent plus près de la ville, si que bien se puissent approcher des murs. En cette venue, ne firent rien, ainsi se demeurèrent trois jours. »

On hésita donc trois jours à attaquer. Si on l'eût fait de suite, au dire du chroniqueur latin, on eût facilement alors emporté la ville toute vide et dégarnie de troupes et de munitions. Mais durant ces trois jours d'innombrables bâtiments amenèrent par le sud dans Damiette des troupes d'élite et des approvisionnements dont elle fut remplie. Ces troupes étaient sous le commandement des émirs mamelouks Taki ed-Dîn ben Schahanschah, neveu de Saladin, Omar Schihab ed-Dîn el-Haremi, Béha ed-Dîn Karakousch, etc., envoyés par Saladin avec un demi-million de dinârs fourni par lui et un million fourni par le Khalife, plus toute espèce de provisions et des armes en quantités innombrables. La position de Saladin était infiniment critique. C'était avec toute raison qu'il avait écrit à Nour ed-Dîn la lettre que l'on sait. Seul un effort extrêmement vigoureux pouvait lui donner le salut.

Les combattants chrétiens, dit Guillaume de Tyr, voyaient avec douleur entrer dans Damiette toutes ces troupes sans qu'ils pussent rien faire pour s'y opposer. Très vite ils reconnurent que la ville ne pourrait pas être prise d'assaut, tant qu'elle n'aurait pas été affaiblie par l'effort des machines de guerre. Grâce à tant de renforts reçus, la garnison qui, après une première sortie infructueuse, s'était résolument enfermée derrière ses murailles, donna beaucoup de fil à retordre aux assiégeants. Il y eut chaque jour des combats dans la plaine courbe et légèrement déclive au pied du rempart. Les assiégés, après s'être déployés à une très petite distance de la muraille, ne faisaient que peu de résistance, puis se repliaient rapidement dans la ville. Tout cela n'était que pour fatiguer les assiégeants et surtout gagner du temps.

« Lors les nôtres, dit Guillaume de Tyr, commencèrent à sortir des nefs perrières et mangoneaux et leurs charpentiers dressèrent un colossal château de bois de sept étages de haut. Ceux qui étaient dedans pouvaient voir tout ce qui se faisait dans la ville. » On disposa ce terrible engin en face de la portion la plus puissante du rempart auquel était accolée en ce point une chapelle de la Vierge où Joseph et

Marie, dit la tradition, s'étaient reposés lors de la fuite en Égypte, et cette chapelle en reçut un grand dommage. « Nos gens, poursuit l'évêque de Tyr, firent chaz couverts de cuirs et voies couvertes pour conduire les miniers aux murs. Quand ces choses furent ainsi bien atournées par dehors, ils firent ahuier la terre par devant le chastel et tirèrent leur chastel en avant, si bien que nos archers et nos arbalétriers qui dessus étaient, tiraient dans la ville des brandons enflammés et des traits et jetaient pierres pongnans sur ceux qui se défendaient sur les murs et les tours, si que en maintes manières commencèrent à grever la ville et ceux dedans. »

Les assiégés, de leur côté, visant les équipes de machinistes, les couvraient d'une pluie de flèches.

L'historien byzantin Nicétas Choniates donne les mêmes détails. Enfin les catapultes du château de bois réussirent à démolir le bastion accolé à l'église de la Vierge. Les Sarrasins injuriaient de loin le mégaduc Andronic, lui reprochant le peu de respect qu'il témoignait pour cette sainte demeure. « Les Sarrasins venus de Babilonie et du Caire, dit Guillaume de Tyr, se connaissaient fort bien en toutes ces besognes de siège ; aussi commencèrent-ils à dresser leurs engins vis-à-vis des nôtres. Ils dressèrent un très haut château tout près en face du nôtre où ils mirent des gens armés qui ne cessaient de nous couvrir de flèches et de traits et leurs perrières lançaient sur notre château de grosses pierres pour le détruire. C'est ainsi que les assiégés commencèrent à se perfectionner dans l'art de se garantir contre l'attaque des nôtres, et du même coup les nôtres, voyant la résistance grandir, perdirent courage et leur énergie mollit. » Guillaume de Tyr va jusqu'à se demander si ce fut « par malice des chefs de l'armée ou par leur paresse » que le fameux château fut disposé juste en face de la portion la plus haute et la plus puissante du rempart, la mieux défendue aussi; si bien que son action en fut fort diminuée. Rien que pour l'établir en ce point on perdit beaucoup de monde entre ingénieurs et combattants. Guillaume de Tyr blâme en outre ce mépris des chefs pour l'église de la Vierge, seule église des chrétiens du lieu. Cet acte d'impiété fut compté certainement par la Providence au tort des assiégeants.

Le saint évêque met encore au compte des dissensions des chefs le retard de l'attaque. Si on eût construit plus vite le fameux château, on eût aisément avec son aide pris la ville alors presque vide de défenseurs. « Plus tard il y entra Turcs à si grand foison que les nôtres n'eurent plus qu'à se morfondre sous les murs de cette forteresse, si vigoureusement défendue par tant de monde. »

Le mégaduc, voyant que, malgré tant d'efforts, le siège n'avançait pas, voulut presser l'attaque et songea à donner l'assaut. Il se rendit donc au conseil du roi le conjurant de mettre sur pied toute son armée au pied du rempart et de courir aux échelles. Amaury, tout en rendant justice aux vertus militaires de son allié, refusa d'ordonner l'assaut avant qu'on eût construit des châteaux de bois en nombre suffisant. Dans ce but il faisait couper par centaines les palmiers magnifiques qui s'élevaient à l'entour de Damiette. La campagne environnante fut ainsi entièrement dénudée. Malgré cela Nicétas raconte que les Grecs se plaignaient beaucoup des hésitations et des lenteurs du roi. Même les choses avançaient si peu qu'on commençait à oser parler tout haut de trahison dans le camp royal. Les angoisses du mégaduc étaient grandes. Hélas! l'infortuné chef byzantin n'était pas au bout de ses peines. La famine était déjà apparue dans son camp, car il n'avait emporté que pour trois mois de vivres.

« Une autre chose advint en notre ost qui fut trop greveuse, poursuit l'évêque de Tyr, car les Grecs de qui il y avait mout grande planté, commencèrent à avoir trop grande disette de viandes, car les leurs étaient entièrement épuisées. Vous les eussiez vu alors abattre les palmiers qui entouraient la ville aussi épaissement qu'une grande forêt. Au sommet ils queraient un tendron que l'on appelle fromage qui assez est de bonne saveur, et en celui est la vie de tout l'arbre. Eux qui mouraient de faim le mangeaient mout volontiers et de ce vécurent ne sais combien de jours. En toutes les manières qu'ils pouvaient quéraient art et engin encontre la famine qui cruellement les angoissait. Il y en avait parmi eux qui vivaient de noisettes et de châtaignes sèches, de quoi ils soutenaient leurs vies assez à grand mésaise. »

Les soldats francs, tout au contraire, vivaient encore dans l'abondance, parce qu'ils avaient eu plus de prévoyance; mais, comme ils ignoraient le temps qu'ils auraient à passer sous les murs de Damiette, ils se refusaient à partager leurs vivres avec leurs alliés, à moins que ceux-ci ne les leur achetassent fort cher. Nicétas se plaint amèrement de ce que les malheureux soldats byzantins sans le sou devaient, sous peine de mourir de faim, acquérir à prix d'or des vivres aux fournisseurs de l'armée royale. Aussi l'indignation était-elle à son comble au camp impérial. La plupart des miliciens grecs voyaient leur temps d'engagement déjà dépassé. Tous maudissaient le retard inutile de ce siège qui durait depuis si longtemps déjà. Le mégaduc, tenu par les ordres du basileus Manuel de ne rien faire qui pût déplaire à Amaury, rongeait son frein, tristement assis sous sa tente, attendant les décisions de la volonté royale. Bientôt il se convainquit, c'est toujours Nicétas qui parle, qu'il n'avait rien à attendre de bon du roi, qui ne lui voulait aucun bien, qu'il n'en aurait jamais aucune aide et que l'expédition alliée allait prochainement se trouver en face des plus terribles et des plus inextricables difficultés. Le roi épargnait à tel point ses provisions que non seulement il ne voulait rien en donner à ses malheureux alliés, mais qu'il alla jusqu'à éloigner son camp du leur pour rendre les communications plus difficiles avec eux.

En même temps, de sinistres rumeurs de trahison et de mort couraient de plus en plus fréquentes dans le camp allié. On parlait à voix basse de nouveaux et immenses renforts (1)

---

(1) Cette armée de secours n'arriva pas. Seulement un corps de troupes de renfort réussit, sous la conduite de Kothb ed-Dîn Khosrew el-Hedzbani, à pénétrer dans la forteresse le 7 décembre (ABOU CHAMAH, *ibid.*, p. 151). Le même auteur dit aussi

sarrasins accourant d'Égypte comme d'Asie. Tous les Arabes d'Orient, une innombrable cavalerie, arrivaient, disait-on, de Syrie. Puis encore d'effroyables averses ne cessaient ni de jour ni de nuit de tomber sur le camp allié, sur la misérable niche du pauvre homme d'armes comme sur la riche tente du chevalier. Tout était inondé : vivres, armes et vêtements. Il fallut creuser un fossé autour de chaque tente pour recueillir et absorber les eaux du ciel.

Ce n'était pas tout! « Ceux de la ville, dit l'évêque de Tyr, se pourpensèrent d'une chose qui grand mal fit à la notre gent. Nos galères et toutes les nefs des Grecs avaient quitté la mer pour venir se ranger les unes à côté des autres le long de la berge de la branche du Nil. Les Sarrasins, saisissant le vent favorable, lancèrent sur cet amas de navires un brûlot, « une nef auques grand, toute pleinne d'estoupes et de fuerre et de seches busches,

que Saladin harcelait continuellement les Francs du dehors. Voy. ces pages 151, 152, pleines de détails importants sur les mesures prises par Saladin pour secourir Damiette.

de poiz et de sein. Lors y mirent le feu de toutes parts, si l'enpreintrent en l'eau et la laissèrent venir selon ce que le fleuve et les vents la menaient. Elle descendit ainsi esprise et allumée jusqu'à la notre navie. Entre nos nefs s'arrêta si bien qu'elle ardit tantôt six de nos galères et elle eût encore fait plus grand dommage, car il était de grand matin et les gens dormaient; mais ce fut le roi qui s'en aperçut et qui saillit sur son cheval tout nu pieds et courut à la rive, fit éveiller les nautonniers et mena autres gens de l'ost pour secourir les nefs. Ils éteignirent celles qui étaient en feu et noyèrent le brûlot. Ce fut à grand peine qu'on put séparer les vaisseaux qui brûlaient de ceux qui étaient encore indemnes. »

C'est ainsi que l'imagination fertile des assiégés trouvait toujours de nouveaux moyens d'amener le trouble, la ruine et la peine au camp gréco-latin. Il n'y avait pas de jour qu'on n'en vînt aux mains sous le rempart, et ces escarmouches avaient les issues les plus diverses, tantôt favorables aux chrétiens, tantôt aux musulmans. C'étaient du reste toujours les assiégeants qui commençaient, car les assiégés ne faisaient de sortie que lorsqu'on les attaquait. La plupart du temps alors ils sortaient de la ville par une porte bâtarde sise en face des positions des Grecs, et c'était sur ceux-ci qu'ils tombaient de préférence, « parce qu'ils les sentoient à plus mox et à meins hardiz que les autres, et bien resavoient que cil estoit grevé de famine et afebloiez mout de cors ». Guillaume de Tyr ajoute qu'ils se battaient cependant héroïquement et que le mégaduc donnait à tous l'exemple du plus brillant courage.

Bref, la disette, le découragement régnaient en maîtres dans le camp grec. Il finit par en être de même dans le camp latin. « Lors, dit Guillaume de Tyr, commencèrent les nôtres à désespérer de la besogne qu'ils avaient entreprise et tous les plus sages disaient qu'on n'arriverait jamais à en finir; qu'il valait encore mieux qu'ils s'en retournassent dans leur pays que de perdre plus longtemps leur temps, leurs dépenses et leurs travaux, mesmement qu'ils

avaient souffrance de viande, et que grand péril
et grand doute pouvait être que leur ennemi
qui était grant planté de gent, ne vinssent sur
eux et les découpassent tous! »

Ici se place un incident dont parle le seul
historien Nicétas et sur lequel se taisent les
autres chroniqueurs grecs. « Andronic, dit
:'écrivain byzantin, décidé à ne plus continuer
à parler à l'oreille d'un mort, exaspéré par l'ar-
rogance latine, résolut, à la tête de ses seuls
contingents (dont toutes les sources s'accordent
à vanter la vaillance) de tenter en dehors du roi
le sort des combats et de donner à lui seul
l'assaut. Il assembla ses troupes et leur tint un
discours enflammé. Nicétas nous donne le
texte plus ou moins authentique de cette interminable harangue où souvenirs classiques et
mythologiques alternent avec les injures au roi
Amaury « endormi dans la lâcheté par l'action
des philtres d'Égypte ».

Dès ia troisième heure du jour, dès l'aube
naissante, poursuit l'écrivain byzantin, les
troupes grecques, guidées par leur valeureux

chef à cheval, se précipitèrent à l'assaut des murailles au son éclatant des instruments de guerre. La garnison sarrasine couvrait le rempart, répondant au jet des archers byzantins par celui de mille sortes de projectiles vomis par les machines de guerre. Soudain, le mégaduc d'une main sûre lance son javelot qui va s'enfoncer dans la porte voisine. Déjà les échelles étaient dressées sur de nombreux points de l'enceinte. A ce moment même on voit soudain apparaître un héraut royal, envoyé du roi de Jérusalem, qui ordonne d'arrêter le combat! Voici ce qui s'était passé. Les chefs latins, découragés par les motifs que j'ai exposés plus haut, voyant bien que l'espoir d'un combat victorieux s'effaçait de plus en plus, puisque les assiégés n'opéraient plus que de très rares sorties, s'étaient décidés à entrer en négociations avec l'ennemi. Ces démarches entre gens également pressés d'en finir avaient progressé très rapidement. Au moment même où l'annonce de l'assaut inauguré par les troupes grecques jetait la désolation dans le cœur du roi Amaury, on était venu l'avertir que l'armistice tant souhaité était définitivement conclu. Aussitôt, en grande hâte, il avait expédié ce héraut à Andronic, pour lui dire que les habitants de Damiette avaient traité avec lui de leur reddition. Nicétas raconte même qu'au premier bruit de l'attaque inaugurée par les Grecs, le roi Amaury navré, d'abord presque muet de colère, s'était jeté avec quelques cavaliers d'élite devant les rangs des soldats byzantins, criant tout haut que ce serait pour eux chose impossible et odieuse de se battre avec des gens en train de négocier pour faire soumission à leur empereur. L'effet de cette démarche royale si insolite fut immédiat. L'assaut byzantin fut ajourné et l'armée grecque se retira dans ses cantonnements durant que le roi Amaury concluait la paix avec les assiégés à des conditions « plus faites, dit Nicétas, pour leur commodité à eux que pour la dignité romaine »! Guillaume de Tyr raconte, au contraire, que les premières avances aux assiégés furent faites par Andronic, que celles du roi ne vinrent qu'après!

Bref, il en fut ainsi que je viens de le dire et, par l'entremise de l'émir « Gévélins », probablement l'émir Dschawali, un des mamelouks de Schirkoûh, on fut bientôt d'accord (1). « On cria les bans dans l'ost chrétien de par le roi et de par les barons. Les Turcs le firent aussi crier en la ville pour qu'aucun mal ne fût fait à personne. » Damiette ouvrit ses portes toutes grandes et le libre commerce s'établit aussitôt entre les deux armées. Le siège avait duré cinquante jours. Presque tous les auteurs donnent ce chiffre (2).

(1) BÉHA ED-DIN, dans la *Vie du sultan Youssof (Hist. or. des Cr.*, t. III, pp. 50-51), et ABOU CHAMAH, dans *les Deux Jardins (ibid.*, t. IV, pp. 149 à 151), racontent d'une façon toute différente ce siège fameux et font de cette prétendue défaite des musulmans une victoire pour eux. Ils exaltent l'activité inouïe de Saladin qui, tout au service de Dieu en pensées et en actes, se refusait le sommeil de la nuit et la sieste du jour, et ne cessait de faire pénétrer des renforts, des secours et des vivres dans la ville assiégée et de harceler continuellement du dehors les assiégeants.

(2) MAKRIZI donne celui de cinquante-cinq jours (voy. RÖHRICHT, *op. cit.*, p. 346, note 4), ce qui ferait reporter le début du siège au 23 octobre. L'*Histoire des Atâbeks (Hist. or. des Cr.*, t. II, 2ᵉ partie, p. 260) donne pour la date de la reddition le 17 décembre. ABOU CHAMAH *(ibid.*, t. IV, p. 151) donne celle du 13, ce qui, si on accepte cette durée de cinquante jours, donnerait les dates ou du 28, ou du 24 octobre pour le début du siège. Voy. dans l'*Autobiographie d'Ousâma*, pp. 348-349, un hymne de triomphe en l'honneur de Saladin après la levée du siège.

Les conditions auxquelles Amaury décida de suspendre le siège de Damiette et de renoncer une fois encore à la conquête de l'Égypte ne nous ont été, hélas! indiquées par aucun chroniqueur, ni musulman, ni chrétien. Il n'est pas difficile de deviner qu'une très grosse somme d'argent dut être payée par les assiégés pour leur libération (1).

Disons d'abord ce qu'il advint de l'armée byzantine après la levée du siège. « Les soldats grecs, dit Nicétas dont nous suivons le récit pas à pas et qui presque seul nous a renseignés sur cette triste fin d'une expédition si brillamment inaugurée, ne songèrent même pas à s'enquérir des conditions du traité, tant ils ne pensaient à rien autre chose qu'au retour dans leurs foyers. Le camp byzantin fut instantanément rempli d'un immense et joyeux tumulte. Après avoir toutefois, sur l'ordre de leurs chefs,

(1) L'indication donnée par Nicétas (éd. Bonn, p. 300) que les Égyptiens avaient promis à Manuel un tribut annuel, et que celui-ci aurait refusé, ne mérite aucune créance.

mis le feu à leurs machines de siège si péniblement construites, pour qu'elles ne tombassent
point aux mains des Égyptiens, les soldats impériaux, pris d'une rage folle, jetant même leurs
armes dans leur hâte de partir, se précipitèrent
vers le rivage, envahirent bruyamment les navires et les mirent tumultueusement à l'eau.
Puis, dans une immense confusion, les différents bâtiments de cette flotte, jadis si brillante
et si belle, repartirent chacun pour son port res-
pectif sans attendre l'ordre des chefs. Ce fut à
peine si six galères demeurèrent en arrière
pour ramener le mégaduc Andronic, qui,
après avoir honorablement fait convoi au roi
Amaury, alors qu'il retournait à Jérusalem par
la voie de terre, rentra à Byzance par la voie
d'Iconium. Certainement il avait débarqué
dans quelque port de Cilicie et suivi de là la
route de terre pour quelque raison qui nous
échappe.

Le sort des autres navires grecs si nombreux
fut, s'il faut en croire Nicétas, tout à fait lamentable. Une foule, plus de trois cents suivant

certaines sources (1), périrent dans les flots.
D'autres, après mille vicissitudes, n'arrivèrent
qu'au printemps à Constantinople. D'autres
encore, abandonnés par leurs équipages, s'en
allèrent au gré des flots, si bien qu'en somme
presque rien ne survécut de cet immense armement. Nicétas s'est borné à ce court récit qui,
nous le verrons, est confirmé par celui de Guillaume de Tyr. L'historien grec ajoute en ter-
minant que, nonobstant ces événements, les
Sarrasins d'Égypte, craignant toujours un retour offensif des forces byzantines, envoyèrent
à Constantinople, avec des présents très précieux pour le basileus, des ambassadeurs chargés de conclure un traité de paix.

Revenons au piquant récit de Guillaume de
Tyr. Le vénérable écrivain raconte ainsi les
premières relations entre belligérants après
l'ouverture des portes : « Lors issirent les Turcs
hors de la ville et regardaient mout volontiers
le roi et ses barons, les tentes et les armures;

(1) *Bibl. arabo-sic.*, II, p. 594.

et les notres allaient par la ville, regardant les forteresses et les maisons. Bien aperçurent que petit dommage faisaient à ceux de dedans leurs engins. Chacun achetait ce dont il avait métier et changeaient leurs choses les uns aux autres aussi débonnairement comme s'il n'y eût eu onques entre eux une contenz. En cette manière demeurèrent là un jour, puis brûlèrent leurs engins. Ceux qui avec le roi étaient venus par terre, — c'est-à-dire toute l'armée franque, — s'en retournèrent en Syrie (1). Le jour de la fête Saint-Thomas l'apôtre, ils vinrent à Escalonne (2). Parce que la fête de la Nativité de Notre Seigneur était près, le roi se hâta. Il arriva à Acre la veille de Noël. Les Grecs, par contre, qui par navie étaient venus, montèrent sur mer, mais trop leur meschei douloureusement, que sitôt comme ils furent équipés

(1) Le départ de l'armée franque eut lieu un jour de décembre, trois jours après la reddition de Damiette. Comme nous l'avons vu dans le récit de Nicétas, Andronic, avec six galères, convoya l'armée royale jusqu'à Tyr où Grecs et Latins fêtèrent ensemble les solennités de Noël.

(2) Ascalon.

un peu loin, une tempête s'éleva si grande et si forte qu'elle heurtait les nefs aux roches et aux rivages, si que presque toutes les petites et les grandes furent périlliées. De cette belle navie qui était là venue de dromons et de galères il n'en resta que bien peu qui mestier eussent mès à rentrer en mer. Aussi furent noyés les hommes qui dedans étaient presque tous. En cette manière se départit cet ost qui avait été assemblé si grand que bien semblait qu'ils dussent faire une grande chose. Les Grecs furent dommagiés par maintes manières qu'ils ne purent esquiver; et nequedant ceux qui échappèrent eurent grand peur que leur sire, l'empereur Manuel, ne s'en prît à eux et ne leur mît sus que par leur déloyauté et par leur mauvaiseté fut ainsi advenu.

« Aucuns, poursuit Guillaume de Tyr, demandèrent au roi et aux barons par quelles raisons une si grande assemblée de gens s'était ainsi contenue que en rien n'avaient grevé leurs ennemis. Ne put-on trouver d'autre réponse que celle-ci : paresse et désespérance de nos gens, parce que nul d'entre eux ne voulant faire son devoir ou tenant à peine perdue la dépense qu'on voulait faire en cette besogne. Mais ceux qui savaient la vérité mirent le blâme sur Manuel et ses sujets. Manuel avait promis d'envoyer sur sa flotte des vivres pour longtemps, pour toute l'armée. Au lieu de cela, l'intendant impérial qui devait nourrir toute cette multitude commença aussitôt après le débarquement à chercher à emprunter, mais il ne trouva pas de prêteurs. »

De leur côté, nous l'avons vu, les Grecs accusèrent de l'échec complet de cette grande entreprise le roi Amaury, parce que, disaient-ils, il s'était laissé corrompre ou « parce que le partage originairement projeté de l'Égypte en deux parts égales entre les deux alliés chrétiens ne lui convenait plus et qu'il désirait pour lui seul tout le pays, pour eux, au contraire, tout le poids de la guerre! » Bref, il en fut cette fois comme presque toujours quand une grande entreprise échoue par la faute commune. Chacune des parties attribua à l'autre l'entière responsabilité de la catastrophe.

Voici maintenant l'appréciation des chroniqueurs musulmans : « Quand les Francs, dit
Ibn el Athîr dans le *Kamel-Allevarykh* (1),
virent l'arrivée consécutive des renforts de
Syrie en Égypte, l'entrée de Nour ed-Dîn dans
leur pays et les dévastations qui y étaient
exercées, ils se retirèrent frustrés et sans s'être
emparés de rien. Ils retrouvèrent leur pays en
ruines, ses habitants les uns tués, et les autres
prisonniers ; ils purent donc s'appliquer le proverbe : « L'autruche est partie pour chercher
« des cornes et est revenue sans oreilles. » Le
siège de Damiette avait duré cinquante jours,
et dans cette occasion Salah ed-Dîn dépensa
des sommes immenses. On m'a rapporté qu'il
disait au sujet du Khalife : « Je n'ai pas vu
« d'homme plus généreux qu'Âdid ; il m'a
« envoyé pendant le séjour des Francs devant
« Damiette un million de dinârs égyptiens, sans
« compter des étoffes et d'autres objets. »

« Le fait suivant qui m'a été raconté, dit

(1) *Op. cit.*, p. 569.

encore Abou Chamah, prouve dans quelles vives inquiétudes le siège de Damiette par les Francs avait jeté Nour ed-Din. On lisait sous sa présidence une série de *hadis* dont il possédait la filiation, et au nombre de ces traditions il s'en trouvait une qui, d'après un usage constant, devait être accompagnée d'un rire léger. Un des étudiants pria le prince de se conformer de la sorte à la coutume des traditionnalistes, afin qu'il n'y eût aucune lacune dans le mode de transmission. Mais Nour ed-Din répondit avec indignation : « Je rougirais que Dieu me « vît sourire dans un moment où les musulmans « sont assiégés par les infidèles. »

« On m'a raconté aussi, poursuit le chroniqueur arabe, que la nuit où les Francs levèrent le siège de Damiette, un imâm, au service de Nour ed-Din, vit en songe le Prophète de Dieu lui apparaître et lui dire : « Fais « savoir à Nour ed-Din que les Francs sont « partis cette nuit de Damiette. » — « Apôtre « de Dieu, répondit l'imâm, je crains que le « sultan ne veuille pas me croire ; donnez-moi

« un signe bien connu de lui. » — « Tu lui
« diras : « A telles enseignes que voici les
« propres termes de la prière que tu m'adres-
« sais à Tell-Harem : « Seigneur, c'est ta reli-
« gion qu'il faut protéger et non Mahmoud (1).
« Est-ce que ce chien de Mahmoud est digne
« de ta protection? » L'imâm poursuivait ainsi
son récit : « Aussitôt je m'éveillai et je courus
« à la mosquée, car Nour ed-Din avait cou-
« tume de s'y rendre avant le lever du jour
« et passait son temps en oraisons et en pros-
« ternations jusqu'à l'heure de la prière du
« matin. Quand je me présentai à lui, il voulut
« connaître le motif de ma venue ; je lui racontai
« mon rêve et lui rappelai l'indice qui en prouvait
« la véracité, mais je m'abstins de prononcer le
« mot chien. » — « Cite tout textuellement, »
« s'écria le prince, et il insista tellement que
« je lui obéis. Il fondit en larmes et ajouta foi
« à ce songe. Quant à moi, je notai la date
« de cette nuit et elle fut bientôt confirmée

(1) Mahmoud était le vrai nom de ce prince plus connu sous le
titre honorifique de Nour ed-Din : « Lumière de la Religion. »

« par la nouvelle du départ des Francs. »

« Nour ed-Dîn, dit encore Abou Chamah, écrivit à Al-Âdid, maître du Château, pour le féliciter de la levée du siège de Damiette. Il venait de recevoir une lettre où ce Khalife le priait de débarrasser le Kaire des Turks qui y répandaient la terreur et de se borner à y laisser Salah ed-Dîn avec sa suite et ses officiers. Mais Nour ed-Dîn répondit à ces messages en faisant un grand éloge des Turks et de leur bravoure ; il rappela que s'il les avait appelés au Kaire, c'est qu'il avait confiance en eux et qu'il demeurait convaincu que seules leurs flèches pouvaient répondre aux lances massives des Francs, que ceux-ci n'avaient peur que des Turks, que, sans cela, leur désir de prendre l'Égypte ne ferait que s'accroître et qu'ils finiraient par le réaliser. « Peut-être, ajoutait la lettre, Allah,
« en nous facilitant par leur moyen la conquête
« de la mosquée El-Aksa, c'est-à-dire la mos-
« quée d'Omar à Jérusalem, mettra-t-il le
« comble à ses faveurs innombrables en accom-
« plissant la plénitude de sa grâce infinie ? »

L'angoisse causée dans le saint royaume de Jérusalem par la si lamentable fin de ce splendide et puissant effort militaire fut portée à son comble par une violente autant que soudaine agression de Nour ed-Dîn contre la fameuse forteresse transjordanienne de Karak dans le pays de Moab (1). Vers la fin de février ou le commencement de mars de l'an 1170, en effet, en même temps que l'Atâbek, sur le désir exprimé par Saladin, envoyait à celui-ci en Égypte son père Nedjm ed-Dîn Ajjoub avec des renforts importants (2), il faisait opérer un mouvement contre cet imprenable château des Francs, sentinelle avancée de leur puissance au delà de la mer Morte. Cette fois cependant les chrétiens en furent quittes pour cette vive alerte. Après quatre jours de siège mené avec deux machines

(1) A cette date, dit Röhricht, *op. cit.*, p. 547, note B, tombe la lettre citée plus haut du Khalife à Nour ed-Dîn, pour le remercier de la délivrance de Damiette, mais en même temps pour exprimer le désir de délivrer le Kaire de la brutale tyrannie des mercenaires turks ou turkomans en priant l'Atâbek de les rappeler et de n'y laisser que le seul Saladin. Nour ed-Dîn, on l'a vu, répondit à ce vœu par un refus.

(2) *Ousama, op. cit.*, pp. 354, 355.

de guerre seulement, les musulmans opérèrent une lente retraite devant l'arrivée d'une petite armée de secours sous les ordres de Humfroy de Toron.

Les soldats de Nour ed-Dîn, en regagnant le territoire sarrasin, traversèrent une vaste étendue du royaume latin en y commettant les plus affreux dégâts. Vainement ils attendirent à « Aschtera », probablement Bostra du Hauran (1), une attaque des forces chrétiennes. Peut-être bien cette attaque se serait-elle produite si, à ce moment même, le 29 juin 1170, une effroyable catastrophe n'avait bouleversé toute la Syrie du Nord! Un terrible tremblement de terre, un des plus terribles de l'histoire d'Orient, « le grant crolle qui avint au tens le roi Amauri, » jeta bas en quelques instants la plupart des villes grandes et petites et des villages de cette immense région. « Les hommes, s'écrie Ibn el Athîr, n'avaient pas encore vu de tremblements de terre pareils. » Antioche fut à

(1) Röhricht, *op. cit.*, p. 348, note 3.

moitié détruite; sa grande et célèbre église de Saint-Pierre ne fut plus qu'une ruine; quarante mille de ses habitants périrent écrasés sous les décombres. Tripoli et sa grande église de la Vierge, Djebaïl qui est Byblos, Laodicée, Hisn el-Akrad, Tyr, Arka, Valénie, Markad, aussi Alep, Baghras, Schaizar, Hamâ, même Damas et la lointaine Mossoul furent dévastées. Dans tout l'Irak et l'Aldjeziras les plus épouvantables secousses qui se succédèrent durant près d'un mois amenèrent les plus horribles ruines.

Tous les chroniqueurs de l'époque, chrétiens ou musulmans, parlent de cette affreuse calamité dont l'impression terrifiante ne s'effaça jamais de l'imagination des contemporains. Le récit de Guillaume de Tyr est à citer tout entier dans sa pittoresque naïveté. « En l'été qui vint après cet an même, dans le mois de juin, un si grand crolle advint en ces parties de la terre de Syrie que l'on n'avait onques ouï parler à ce temps d'un si grand, car il abattit par tout le pays une grande partie des anciennes cités et les fortifications de maints châteaux. Les habitants furent écrasés sous les ruines, si bien que grandement diminué fut le nombre sur terre de toutes manières de gens. En la contrée que l'on appelle Cœlésyrie fut ruinée la plus grande partie des murs et des maisons de la noble cité d'Antioche; des églises de même plusieurs tom-bèrent qui à peine depuis purent être refaites et remises dans leur état antérieur. En ces parties mêmes tombèrent deux bonnes cités maritimes, Gibel et Lalische (1). Des autres qui sont à l'intérieur furent renversées : Halape (2), Césaire (3) et Haman (4). Des châteaux qui ainsi périrent était le nombre trop grand en la terre de Phénicie. Le jour de la fête des deux glorieux apôtres saint Pierre et saint Paul, autour de la première heure, croula soudaine-ment la terre dedans la cité de Triple (5). Si durement fut la terre déchirée, qu'elle ne sem-blait qu'un amas de pierres, et un grand sé-

(1) C'est-à-dire Djebaïl et Laodicée.
(2) Alep.
(3) Schaïzar.
(4) Hamâ.
(5) Tripoli.

pulcre des peuples et des gens qui dessous étaient écrasés. En la cité de Sur (1), qui était renommée cité, fut le crolle terrible. Là il n'y eut pas beaucoup de gens tués, mais les plus grandes tours de l'enceinte tombèrent sur les maisons et les églises. L'on ne trouvait partout que forteresses abattues et ouvertes. Il eût été alors bien légère chose pour les Turcs de conquérir nos cités et nos châteaux à grand planté, mais eux-mêmes avaient une telle peur de cette vengeance qui de Notre Seigneur venait qu'ils n'avaient aucun désir de nous faire la guerre. Il en était de même de nous autres chrétiens, car chacun ne pensait qu'à se confesser et à se repentir de ses péchés pour attendre la mort qui était constamment devant eux et ils ne songeaient pas à se battre. Cette tempête affreuse qui ainsi courait par toutes ces régions fut bien longue à finir, car elle dura près de quatre mois, si bien que dans une seule nuit on percevait jusqu'à trois ou quatre

(1) Tyr.

secousses. Tous étaient en un tel effroi qu'au moindre bruit chacun croyait déjà sa dernière heure venue. Les vivants mouraient si bien de peur qu'ils ne s'occupaient plus de pleurer les morts. Leur sommeil même n'était plus un repos. Ils ne cessaient de tressaillir, croyant à chaque instant que leurs maisons allaient s'écrouler sur eux. Par la grâce de Notre Seigneur, la Palestine et Jérusalem furent en grande partie épargnées par le fléau. »

« A Antioche, raconte encore la *Chronique* de Michel le Syrien, l'église de Saint-Pierre s'écroula aussi; l'église des Grecs ensevelit sous ses décombres les prêtres occupés à célébrer la messe et une multitude de gens parmi le peuple. Le prince et tous les habitants, revêtus de cilices, allèrent se prosterner aux pieds du patriarche et le supplier de rentrer dans la ville, pensant que ses anathèmes étaient la cause de ce malheur. Il leur dit : « Chassez « avec mépris le patriarche grec Athanase qui « est un intrus. » Étant allés s'acquitter de cet ordre, ils trouvèrent Athanase mourant, parce

qu'il avait été frappé d'une pierre au moment
de la chute de son église. Alors le prince leur
commanda de le transporter sur une litière et
de le jeter hors de la ville; ce qui fut exécuté.
Cet homme mourut là dans son opprobre.
Après quoi le patriarche franc Amaury rentra
dans Antioche, et la ville fut consolée; en
même temps, l'on se mit à relever les édifices
qui avaient été renversés par ce tremblement
de terre. »

Il est certain que cette affreuse catastrophe
fit complètement cesser du coup pour quelque
temps toute lutte guerrière entre les deux races
ennemies occupées à pleurer leurs morts et les
ruines de leurs cités. Seulement, le 4 juillet, il
y eut près d'el-Labua, dans les environs de
Baalbek, un combat qui se termina par la victoire des musulmans. Le prince Shehab ed-
Din Mohammed, fils d'Elias, fils d'Ilghazy,
prince du château fort d'El-Béra, avec deux
cents cavaliers, étant monté à cheval pour
chasser auprès de la bourgade d'Allébouah,
rencontra et défit environ trois cents cavaliers

d'entre les Francs, et envoya les têtes des morts et les prisonniers à Nour ed-Dîn qui crut parmi ces dépouilles reconnaître celle du chef des chevaliers de Saint-Jean-de-l'Hôpital, châtelain du château des Kurdes. « C'était, dit Ibn el Athîr, un homme qui, par sa bravoure, occupait une position éminente, et qui était comme un os placé en travers du gosier des musulmans. Aussi ces derniers furent-ils joyeux de sa mort. » Parmi ces têtes, on reconnut aussi celle d'un autre Franc de grand renom, ce qui ajouta encore à la joie de Nour ed-Dîn. « Et combien, s'écrie Ibn el Athîr, citant un verset du Coran, une petite bande n'a-t-elle pas vaincu une bande très nombreuse avec la permission de Dieu, et Dieu est avec ceux qui se tiennent fermes ! »

Je note rapidement une autre vive attaque de Saladin en décembre de la même année. A la tête de plusieurs milliers (1) de cavaliers turkomans, le sultan s'empare de la ville douanière

(1) Guillaume de Tyr donne le chiffre certainement exagéré de quarante mille cavaliers.

de Daron, dans l'antique Idumée, sur la frontière d'Égypte, et assiège étroitement sa citadelle habilement autant que courageusement défendue par son brave châtelain, le loyal et pieux Anselme de Passy. Le roi se précipite au secours des assiégés avec une petite armée de deux cent cinquante chevaliers et deux mille gens de pied, assistés des Templiers, du patriarche portant la Vraie Croix, et des évêques de Bethléem et de Lydda. Après un violent combat contre cette innombrable cavalerie, le patriarche réussit à pénétrer dans la citadelle avec la Sainte Relique. Saladin s'en va attaquer Gaza, que défendait Miles de Plancy. Il y livre un sanglant combat où de nombreux chrétiens sont massacrés, s'en retourne ensuite devant Daron, puis se retire définitivement sans accepter la lutte et sans être poursuivi par le roi qui, après avoir donné l'ordre de réparer les fortifications de Daron, rentre à Ascalon (1). Saladin, à peine revenu

(1) Voy. GUILLAUME DE TYR, *Hist. occid. des Cr.*, t. I, 2e partie, pp. 975 sqq.

au Kaire, en repart aussitôt. Il avait fait construire des vaisseaux susceptibles de se démonter. Il en fait transporter les pièces à dos de chameaux et va attaquer à la fin de décembre la petite forteresse chrétienne d'Aïla sur la mer Rouge. Il fait assembler les divers morceaux de ses navires, lance ceux-ci sur la mer, assiège la ville par terre et par eau, la prend, la livre au pillage, et regagne ensuite Alexandrie, poussant devant lui de nombreux captifs chrétiens.

Tous ces succès de Saladin ne laissaient pas d'inquiéter Nour ed-Dîn presque autant que le roi Amaury. Pour s'assurer de l'obéissance de ce trop puissant serviteur, l'Atâbek lui fit demander de faire dorénavant nommer dans la prière du vendredi, au lieu du Khalife chiite d'Égypte Al-Âdîd, le Khalife de Bagdad El-Mostadi. Mais Saladin, aussi prudent qu'il était brave, sut faire traîner les choses jusqu'à ce qu'enfin la mort d'Al-Âdîd, le 13 septembre 1171, fût survenue fort à propos pour lui enlever tout souci de ce côté et lui permettre de

souscrire sans péril aux exigences de l'Atâbek.
Après avoir présidé en personne aux funérailles du Khalife, il s'empara de suite et sans
difficulté du château du Kaire avec tous les
trésors du défunt et s'attacha plus étroitement
que jamais ses partisans et ses compagnons
d'armes par de généreuses distributions provenant de cette source de richesses presque
inépuisable. On trouva entre autres sept cents
solitaires, plus une bibliothèque de « deux
millions de volumes! » Le tout fut porté chez
Saladin.

La vérité est que les exigences de Nour
ed-Dîn avaient été telles que le prudent Saladin, malgré les conseils de quelques-uns de
ses émirs, avait dû accepter de ne plus faire
nommer le Khalife Al-Àdîd dans la prière publique, alors que celui-ci était encore vivant.
« Or, raconte Ibn el Athîr, il était arrivé en
Égypte un étranger appelé Alémir Al' Alim,
« l'émir savant », que j'avais souvent rencontré
à Mossoul. Quand ce personnage vit la frayeur
dont on était rempli, et que personne n'osait

réciter la prière au nom des Abbassides, il s'écria : « Ce sera moi qui commencerai. » En conséquence, le premier vendredi de *moharrem* de cette année 567 de l'Hégire (jour qui correspond au 10 septembre 1171) il monta en chaire avant le prédicateur, et pria pour El-Mostadi biamr-Allah. Personne ne réclama contre cette démarche. Le vendredi suivant étant arrivé, Salah ed-Dîn ordonna aux prédicateurs de Fostat et du Kaire de ne plus faire le prône au nom d'Al-Ádîd, mais bien au nom d'El-Mostadi.

Ils obéirent, et, « à cette occasion, deux chèvres ne se battirent pas à coups de cornes (1) ». Salah ed-Dîn envoya de pareils ordres dans tout le reste de l'Égypte, et ils furent également exécutés.

« Personne de la famille du Khalife malade, poursuit le chroniqueur, ou de son entourage n'avait osé faire savoir au moribond que la prière ne se récitait plus en son nom. « Car,

(1) Sur la légende de Saladin, voy. Röhricht, *op. cit.*, note de la p. 351.

disaient-ils, s'il guérit, il le saura bien, mais s'il doit mourir, il ne convient pas que nous le tourmentions en lui racontant cet événement. » Il mourut sans avoir eu connaissance de ce qui l'eût tant affligé (1). Le chiffre de richesses laissées par lui était incalculable. Il s'y trouvait des objets précieux et extraordinaires, tels que le monde n'en renfermait pas d'autres, et des joyaux comme on n'en trouvait nulle part ailleurs. Parmi ceux-ci, on voyait le rubis appelé « la Montagne », lequel pesait dix-sept drachmes ou dix-sept mithcals. Je ne doute pas de la chose, car j'ai vu et pesé le rubis dont il s'agit. On y voyait aussi une perle dont on eût vainement cherché la pareille, et un manche de couteau en émeraude, long de quatre doigts et aussi large qu'un grand collier. On y trouvait aussi des livres précieux et sans pareils en quantité innombrable. Salah ed-Dîn fit vendre le tout avec une partie des esclaves et des servants des palais. »

(1) Il n'avait au moment de sa mort que vingt et un ans moins quelques jours.

Le 23 septembre 1171, le nouveau maître maintenant à peu près incontesté de l'Égypte entreprit une nouvelle expédition pour s'efforcer de conquérir la fameuse forteresse franque de Schaubak, si importante pour les chrétiens parce qu'elle commandait avec celle de Karak la route des caravanes de Syrie en Égypte et *vice versa,* celle aussi des pèlerinages de la Mecque. Nous ignorons pour quelles raisons le sultan leva presque aussitôt ce siège. Le roi Amaury et l'armée du royaume étaient demeurés en observation à Béersébah.

La poste aux pigeons fonctionnait depuis cette année régulièrement entre Damas et le Kaire. « C'est en l'an 567, dit Ibn el Athîr, que Nour ed-Dîn ordonna l'emploi de pigeons messagers, qu'on appelle aussi pigeons de race (1) et qui ont l'habitude de retourner vers leur nid, même des contrées éloignées. Il en établit dans toutes ses villes, par la raison que ses États étaient devenus très vastes. En effet, ses

(1) « Menaçib ».

possessions s'étendaient depuis la frontière de la Nubie jusqu'aux portes même de la ville de Hamadân, sans que leur continuité fût interrompue autrement que par le territoire des Francs. Ces gens-ci — que Dieu les maudisse! — mettaient quelquefois le siège devant une de ses places frontières, et, avant que la nouvelle de cette attaque lui arrivât et qu'il se fût mis en marche, ils avaient le temps d'accomplir au moins une partie de leur projet. Il écrivit, en conséquence, à toutes ces villes, ordonnant l'établissement de la poste aux pigeons, et il assigna des traitements aux personnes chargées d'élever et de dresser ces animaux. Cette institution lui procura une grande tranquillité d'esprit, puisque les nouvelles lui arrivaient presque instantanément. Dans chacune de ses places fortes, il y avait des employés qui gardaient auprès d'eux les pigeons appartenant à la ville voisine, et, quand ils voyaient ou entendaient quelque chose de sérieux, ils le mentionnaient dans un écrit qu'ils attachaient à l'aile d'un pigeon. L'oiseau, étant lâché, s'envolait vers la ville à laquelle il appartenait et y arrivait en moins d'une heure. Là, on lui ôtait le billet pour l'attacher à un autre pigeon appartenant à la ville située dans le voisinage et dans la direction où se tenait Nour ed-Dîn. Cela se répétait jusqu'à ce que le billet lui parvînt. — Que la miséricorde de Dieu et sa bienveillance couvrent ce prince! — Avec quel soin il veillait sur ses sujets et sur ses provinces! »

CHAPITRE V

Nour ed-Dîn, devinant à merveille que Saladin allait d'un jour à l'autre se faire proclamer
souverain indépendant en Égypte, maintenant
qu'il n'y avait plus en ce pays même l'ombre d'un
Khalife régnant, décida de prévenir ce grand
danger en allant trouver son ancien lieutenant
au Kaire à la tête de toute son armée. A cette
grave nouvelle, Saladin réunit en conseil ses
fidèles et ses partisans pour discuter de la conduite à tenir en ces circonstances extraordinaires. Les uns lui conseillèrent d'opposer la
force à la force; les autres, plus politiques, et
parmi ceux-ci surtout son propre père Nedjm
ed-Dîn Ajjoub, furent d'avis que la seule ligne

de conduite à tenir était pour le moment celle
d'une pure et complète soumission. Saladin
suivit ce dernier conseil et fit assurer l'Atâbek
de sa plus fidèle obéissance. Nour ed-Din, complètement trompé, renonça à aller en Égypte et
cessa depuis lors de combattre son lieutenant
devenu si puissant. Chaque jour les chrétiens
de Terre sainte, défenseurs acharnés du saint
royaume, se rendaient compte davantage que, si
leurs coreligionnaires occidentaux ne venaient
aussi promptement que puissamment à leur
secours, c'en serait fait d'eux bien rapidement
entre les deux formidables puissances de l'Atâbek de Damas et du sultan du Kaire. On décida
donc, bien que l'archevêque Frédéric de Tyr
ne fût pas encore de retour d'Occident, d'expédier de nouvelles lettres suppliantes au pape, à
l'empereur, aux rois de France, d'Angleterre,
d'Espagne et de Sicile, comme aux plus hauts
ducs et comtes de ces royaumes. De même il
parut infiniment nécessaire de rechercher à nouveau. l'amitié et l'aide de l'empereur Manuel
Comnène, ce voisin si puissant avec lequel on

était assez mal depuis le siège malheureux de Damiette (1). Malgré les supplications de ceux de ses conseillers qui cherchaient à le retenir à cause de la situation si critique du royaume, Amaury résolut d'aller en personne trouver le basileus à Constantinople.

Guillaume de Tyr nous a donné le plus curieux récit de ce royal voyage dans la Reine des Villes en l'an de grâce 1171. Les historiens byzantins, par contre, n'en soufflent presque pas un mot. Nicétas n'en dit rien. Cinnamos dit seulement en trois lignes que le roi supplia le basileus de venir à son secours et serait même allé jusqu'à se déclarer son homme lige !

Voici le savoureux récit de Guillaume de Tyr : « En l'an qui vint après le roi Amaury vit que la terre de Syrie était grevée par les enne-mis de la Foi en plusieurs lieux et en maintes manières et redouta fort que la chose ne vînt en plus grand péril parce que les grands barons et les prudhommes de sa terre étaient presque

(1) Cependant, le seul fait de cette nouvelle alliance prouve que la brouille, si brouille il y eut, n'avait pas été de longue durée.

tous morts. Leurs héritages étaient tenus par
leurs fils qui étaient jeunes et fols : en mauvais
usage dépensaient leurs richesses, ne quéraient
que les aises de leurs corps et ne se doutaient en
rien en quel point et quelle aventure le royaume
était. Pour ce le roi fit assembler un jour les
prélats de la terre et tous les barons jeunes et
vieux; par bel langage leur montra la faiblesse
de la terre et du peuple, si bien que tous la
connurent; conseil leur demanda comment il
se pourrait contenir en manière que la chrétienté du pays ne périllât du tout au tout...
Après avoir avant tout demandé qu'on mandât
de nouvelles ambassades suppliantes aux souverains d'Occident (1), tous s'accordèrent à ce
que l'on envoyât hâtivement à l'empereur de
Constantinople pour demander aide, car il
était plus près que les autres et moult avait grand
pouvoir pour les aider de gens et de richesses.
Bien leur semblait qu'il ne lui plairait mie que
mécréants conquisssent la sainte terre. Ils

(1) Voy. p. 310.

dirent tous que pour requérir si grand homme, convenait envoyer grand message qui bien le sussent émouvoir de mettre conseil en cette besogne. Quand ils eurent ainsi parlé longue-ment, le roi se leva et se retira à part, appela son conseil privé qui était composé de fort peu de gens, puis revint dans l'assemblée et parla en telle manière : « Beaux seigneurs, je vois
« que notre affaire est périlleuse et en grief point.
« Vous ne pouvez vous accorder pour trouver
« des messagers pour cette besogne dont nous
« avons parlé. Je craindrais que Notre Seigneur
« ne m'en sût mauvais gré si je me tenais en
« arrière. Pour ce je vous offre bien que je suis
« prêt à aller trouver l'empereur à Constanti-
« nople et que j'ai bonne espérance en Dame
« Dieu qu'il fera plus pour moi que pour nul de
« vous; car il m'écoutera au sujet de votre
« mésaise que je lui dirai et il y mettra conseil
« pour Dieu et pour moi; et je vous prie que vous
« m'envoyez à lui, car, pour cette besogne, je ne
« regarderai jamais à peine ni à péril de mon
« corps. »

« A ces paroles du roi la noble assistance stupéfaite se mit à pleurer disant que ce serait trop dure chose et greveuse que li roiaumes remensssit sanz le roi. Mais leur roi leur coupa la parole en s'écriant : « Notre Seigneur garde « et sauve son royaume dont je suis le gar-« dien; j'ai résolu en mon cœur de faire cette « démarche si telle est la volonté de Notre « Seigneur; aucune parole ne m'en détour-« nera. » Ces paroles mirent fin au différend. Le roi donc partit emmenant l'évêque Guillaume d'Acre et des barons de sa terre, Guermond de Tibériade, Jean d'Arsur, le maréchal Gérard de Pougi, Roard, châtelain de Jérusalem, Renaud de Nephin enfin. Il avait dépêché en avant, par terre, pour annoncer son arrivée au basileus, Philippe de Naplouse, grand maître démissionnaire du Temple. Il partit le 6 des ides de mars, c'est-à-dire le 10 mars 1171 avec dix galères (1) et une escorte « qui convenait à sa majesté ». La navigation

---

(1) Sept seulement d'après l'*Hist. regni Hierosol.*, simple abrégé de Guillaume de Tyr.

fut heureuse. On arriva sans encombre « au Bras Saint-Georges, » appelé aussi « les Bouches d'Avie » — c'est-à-dire au détroit de l'Helles-pont, les Dardanelles d'aujourd'hui. — L'em-pereur, sage et magnanime, courtois et magni-fique, entendit la nouvelle de l'arrivée du roi en sa terre. « Il en eut très grande joie, » dit l'ar-chevêque de Tyr. « Premièrement s'émerveilla moult pourquoi si haut homme comme il était et sire de si honoré royaume était venu à lui par maintes fatigues et maints périlleux passages ; après pensa que c'était grand honneur à son empire et grand accroissement à sa hautesse que si puissant prince était venu à lui et que l'on ne trouvait pas lisant en nulle histoire qu'au temps de ses ancêtres roi de Jérusalem fut onques venu à empereur de Constantinople. Pour ce tint à très grande chose que celui qui était gardien et défenseur des saints lieux où notre foi commença, s'était donné la peine de venir jusqu'à lui. Lors fut moult joyeux en son cœur et le voulut honorer en maintes manières et tantôt manda son neveu, le protosébaste

Jean, principal personnage de l'empire (1), puis l'envoya à la rencontre du roi, ordonnant que dans toutes les villes où il passerait, on ne négligeât rien pour l'honorer et que quand le roi approcherait de la cité de Constantinople, on ne le laisserait pas entrer avant qu'il n'eût reçu les messages de lui, l'empereur. » Il en fut ainsi fait. Quand le protosébaste eut conduit le roi jusqu'à la cité de Gallipoli que Guillaume de Tyr nomme « Calipople qui siet près de là où le bras Seint-Jorge chiet en la mer », on vit arriver d'autres « barons » de l'empire, chargés d'avertir le roi « que li venz n'estoit pas bons por nagier en Costantinoble ». Le roi donc descendit là de ses galères et fit à cheval, escorté par le protosébaste, le chemin le long du littoral de cette ville jusqu'à Héraclée qui est l'Erecli d'aujourd'hui. La flotte franque vint jeter l'ancre dans ce port et, le vent ayant tourné, le roi de Jérusalem s'embarqua à nouveau et fit par mer la fin du trajet jusqu'à Constantinople.

(1) Propre beau-père du roi Amaury, qui avait épousé sa fille.

Je cite à nouveau textuellement l'évêque de Tyr : « Sur le rivage de la mer, dedans la cité, sied un palais de l'empereur qui est appelé Constantinien (1), devers le soleil levant. Il a son entrée du côté de la mer par un superbe et admirable quai ou degré dont les escaliers de marbre descendent jusque dans la mer; ce quai a été enrichi, par un faste royal, de lions et de colonnes de la même matière de maintes couleurs. Cette entrée est exclusivement réservée à l'empereur pour arriver dans les parties supérieures du palais; mais, dans le but de rendre un honneur particulier au roi Amaury, on accorda quelque

(1) C'est là le fameux Grand Palais bâti par Constantin sur l'emplacement même du Vieux Sérail actuel. Dès le milieu du douzième siècle cette antique demeure des basileis avait été fort négligée par eux. Manuel Comnène, après avoir reconstruit avec magnificence l'autre palais impérial des Blachernes sur la Corne d'Or, en avait fait une véritable forteresse qu'il habitait. Il n'avait cependant pas cout à fait abandonné le Grand Palais, puisque c'est là qu'il reçut en 1171 le roi Amaury. Mais, nous allons voir qu'après quelques jours passés dans ce vieux Grand Palais, l'empereur et le roi allèrent habiter les Blachernes. Benjamin de Tudèle, le célèbre voyageur, qui écrivait à la même époque, ne parle plus du Palais de Constantin et ne cite plus que celui des Blachernes. Il est probable que l'ancien grand Palais avait déjà été en partie dépouillé de ses richesses au profit du nouveau.

chose en dehors des règles ordinaires, en sorte qu'on lui permit d'entrer par là. Il fut reçu en cet endroit par les grands officiers des Palais sacrés qui étaient venus à sa rencontre. » C'était là le fameux port du Boukoléon, port particulier du Grand Palais sur la mer de Marmara, magnifique enceinte de marbre consacrée aux seules galères impériales, théâtre de tant de grands événements de l'histoire byzantine : entrées solennelles ou fuites tragiques. On voit que pour honorer le roi du saint royaume, l'orgueil byzantin s'était assoupli jusqu'à permettre à ce prince d'aborder dans le port réservé au seul basileus. Un petit palais, portant le même nom du Boukoléon, était attenant au port.

« Quand le roi fut arrivé là, dit l'archevêque de Tyr, grande compagnie des barons des Palais vinrent à sa rencontre qui moult honorablement le reçurent et le menèrent jusqu'à la salle en haut par voies noblement ornées, et portes il y avait neuves et si richement ouvrées que tous s'en émerveillaient ceux qui ne les avaient jamais vues. »

Cette sorte de voie triomphale suivie par le cortège royal, c'étaient les belles galeries qui unissaient la Néa ou Nouvelle-Église au Tzykanistérion, ce fameux Carrousel pour les exercices équestres des basileis, en touchant au port et au palais du Boukoléon. Puis Amaury avait traversé sans doute différents kiosques élevés dans le Mésocépion avant d'atteindre à l'Héliakon ou terrasse du Phare, par où il entra dans le Palais Sacré proprement dit. La plus splendide et brillante suite de hauts dignitaires guidait ainsi le roi à travers la plus riche suite d'appartements d'apparat qui émerveillaient les rudes barons francs.

« Lors, poursuit le chroniqueur, vint le roi là où l'empereur était assis avec ceux qui étaient le plus haut honorés dans le Palais. » Cette salle admirable où le basileus gardé de Dieu allait, dans un décor d'une richesse inouïe, donner audience solennelle au roi latin gardien du Saint Sépulcre, c'était le splendide Chryso-triklinion, la salle la plus fameuse et la plus somptueuse du monde au moyen âge où depuis

des siècles les basileis d'Orient avaient présidé
aux solennités les plus considérables, reçu les
princes et les ambassadeurs étrangers. Je ne
referai pas après tant d'autres la description
minutieuse de cet endroit célèbre entre tous.
C'était une immense salle à huit pans, éclairée
par une vaste coupole. Huit absides, précédées
chacune d'une arcade, rayonnaient autour de
cet espace octogone. La richesse de décoration
des absides était inouïe. Dans celle dite de
Saint-Théodore, était installé le vestiaire de
l'empereur qui y revêtait le costume impérial
et y prenait la couronne pour les grandes cérémonies. Au fond s'ouvrait un petit oratoire très
vénéré dans lequel étaient conservés les vêtements impériaux, les couronnes et les armes de
l'empereur, et deux boucliers d'or émaillés et
enrichis de perles et de pierres fines. On y
déposait également les armes précieuses et les
insignes de certains officiers du Palais, comme
par exemple les verges d'or gemmé des
ostiaires, les verges d'argent doré des silen-
tiaires, les colliers d'or des protospathaires et

les épées dorées des spathaires (1). Dans l'abside la plus orientale, séparée du Chrysotriklinion par une porte à deux battants d'argent, on voyait l'Image du Christ assis sur un trône. Jamais l'empereur ne traversait le Chrysotriklinion sans adorer cette Icone. C'était dans cette abside qu'était établi le trône impérial, cette huitième merveille du monde.

L'Impératrice et les dames de la cour n'étaient pas admises dans le Chrysotriklinion, mais elles pouvaient assister du haut de la galerie de la coupole aux cérémonies qu'on y célébrait. Le pavé de cette salle restauré par l'empereur Constantin Porphyrogénète était une mosaïque de marbres et de porphyres d'une richesse extrême. Les murs et les voûtes étaient garnis de superbes mosaïques à fond d'or. Un lustre immense, un « polykandilon », était suspendu au centre de la coupole. « Devant le siège de l'empereur, dit l'archevêque de Tyr,

(1) J. LABARTE, *Descr. du Palais impérial*, p. 77.

en la salle, pendait une courtine ou tenture
large et haute de soie trop richement ouvrée
d'or et de pierres précieuses. Ceux qui étaient
les plus privés de l'empereur menèrent le roi
dedans cette courtine où l'empereur était assis.
C'était le plus insigne honneur. Les rares personnes présentes à cet entretien disent que
l'empereur se leva pour recevoir le roi. Ceci fut
fait hors de la vue de l'assistance des dignitaires
byzantins, car cette condescendance leur eût
par trop déplu s'ils l'eussent vue. Ils eussent
dit alors que moult se fût abaissée la hautesse
de l'empire. Quand le roi fut assis, le rideau
d'étoffe précieuse fut rapidement relevé d'un
côté et l'assistance tout entière put alors con-
templer l'empereur assis sur un trône d'or
moult richement vêtu des vêtements impériaux.
Le roi Amaury était assis à ses côtés, sur un
siège d'une grande richesse recouvert de drap
d'or, mais qui était plus bas que celui de l'empereur. L'empereur appela les barons de Syrie
chacun par son nom, tous les salua et baisa
l'un après l'autre. Quand ils furent eux aussi

assis débonnairement, il s'enquit d'eux (1), et leur parla de maintes choses courtoisement, si bien que tous virent qu'il avait grande joie en son cœur de leur venue. »

Il avait commandé à ses chambellans (2) qu'ils appareillassent au roi et à ses plus privés dans le Palais même les plus riches et délectables appartements, si riches « que trop estoit grand merveille del veoir les diverssetez qui là estoient ». Quant aux barons qui accompagnaient le roi, chacun eut en la cité au voisinage des palais un logis (3) merveilleusement riche et bien installé. Quand le moment de prendre congé fut venu, le roi et les barons saluèrent l'empereur et chacun se retira dans ses appartements. Le lendemain et tous les jours suivants durant longtemps le roi et ses barons allèrent conférer avec l'empereur de ce pourquoi ils étaient venus, le suppliant de les secourir au plus vite pour que le roi pût re-

(1) « De leur estre ».
(2) Les fameux « cubiculaires » du Palais sacré.
(3) Un « ostel ».

tourner en sa terre qui était en si grand péril
et où sa présence faisait si grand défaut. Le roi
parla « privéement à l'empereur seul à seul »
et lui démontra que ce serait pour lui la chose
la plus facile du monde de s'emparer de
l'Égypte. « L'empereur lui répondit moult débonnairement, et moult s'accorda aux raisons
qu'il lui montrait. Grand aide lui promit et
de mener à bien l'entreprise qu'il lui conseillait. Il lui donna grands dons et richesses;
tous ses barons honora de grandes richesses
et d'étranges dons qu'il leur départit. Souvent les faisait venir devant lui pour les honorer et pour savoir les convenances de chacun. Lors fit une grande chose de laquelle les
Grecs s'émerveillèrent fort; car il fit voir au roi
et aux barons les grands trésors que ses
ancêtres avaient assemblés. » Il leur fit les
honneurs des chapelles du Palais et des ora-
toires sacrés regorgeant de pierres précieuses,
d'étoffes somptueuses, de reliques et de corps
saints. Toutes les châsses furent ouvertes et
montrées au roi. L'empereur lui fit voir surtout

les reliques les plus inestimables : c'est-à-dire
le morceau le plus considérable de la Vraie
Croix, les clous de la Crucifixion, la Sainte
Lance qui perça le flanc du Sauveur, l'éponge
qui humecta ses lèvres agonisantes, la Couronne d'épines, le drap qu'on appelle « sisne »,
c'est-à-dire le « Sindôn » ou linceul dont le
Christ mort fut enveloppé, les sandales dont il
se chaussait. « Pas une de ces grandes reliques
que l'empereur ne fît présenter au roi. Nulle
grande privauté n'avait été placée au trésor de
l'empire dès le temps de Constantin, de Théodose et de Justinien qui furent hauts empereurs, que nos gens ne vissent toute. Après
l'empereur pour délecter le roi fit venir devant
lui diverses manières de gens si étranges que
tous s'en émerveillaient; instruments de maintes
guises lui fit venir, chants et danses de pucelles
qui étaient merveilleuses à voir, ménétriers qui
jouaient de maintes guises, batailles (1), courses
de chevaux et courses de chars. Toutes ces

(1) C'est-à-dire : tournois.

choses leur furent montrées. Nos gens en étaient émerveillés et ébahis.

« Quand ils eurent ainsi demeuré ne sais combien de jours en ce Palais, l'empereur, pour parer à la monotonie de ce séjour et éviter que ses hôtes ne fussent pris d'ennui, mena le roi en un palais nouveau que l'on appelle Blaquernes (1) où il s'installa avec lui. Impossible de trouver des mots pour décrire les splendides appartements qui y furent réservés au roi avec bains et étuves de toutes manières d'aises et de délices. Ses barons ici aussi furent hébergés « en biaus ostieux », aux environs de ce nouveau Palais. Là recommencèrent les gens de l'empereur à honorer en maintes manières et à grandes dépenses le roi et les siennes gens. Après les menèrent à travers la cité de Constantinople qui moult est grande. Les églises et les couvents leur montraient dont il y avait un nombre immense, puis encore les colonnes

(1) C'était là le fameux palais des Blachernes, au fond de la Corne d'Or, sur le rempart même de Constantinople restauré et fortifié par Manuel Comnène. Voy. mes *Iles des Princes*, Paris, 1884, pp. 307 sqq.

fameuses de marbre et de bronze (1), les œuvres à ymages, arcs de pierre qu'on appelle des arcs de triomphe, entaillés de diverses histoires. Nos gens s'en émerveillaient. Les hauts hommes de la cité qui étaient doctes et anciens guidaient le roi et lui expliquaient la raison et la signification de chaque monument. Le roi s'informait de chaque chose avec le plus grand soin et écoutait ses guides moult volontiers. »

Après cela, l'empereur, parce que le roi s'informait avec curiosité de ce bras de mer « que l'on appelle le braz Seint-Jorge », c'est-à-dire le Bosphore, lui en fit faire le tour. Les deux princes entrèrent en leurs galères et s'en allèrent voguant jusqu'à la « grande mer », c'est-à-dire la mer Noire, « là où ce bras se détache d'elle pour venir vers Constantinople, » visitant chacun des beaux paysages de ces rives enchantées. A leur retour les conférences recommencèrent sur les affaires si importantes

---

(1) Colonne brûlée, Colonne d'Arcadius, Colonne de Constantin, Colonne de Marcien, Colonne de Théodose, Obélisque de Théodose, peut-être aussi la fameuse Colonne Serpentine.

qui avaient amené la visite du roi « et bien
s'accordèrent entre eux deux sur ce qu'ils
auraient à faire en commun ». — Le roi repré-
senta à l'empereur la nécessité absolue qu'il y
avait à détrôner le jeune et hardi nouveau
maître de l'Égypte pour l'empêcher de s'unir à
Nour ed-Dîn et d'écraser en commun le petit
royaume de Jérusalem comme étouffé entre les
États de ces deux puissants ennemis de la Foi.
Amaury trouva en Manuel un auditeur infiniment attentif et bien disposé. Certainement,
bien que les auteurs n'en disent rien, la question si brûlante et si délicate de la suzeraineté
de l'empire sur la principauté franque d'Antioche fut à nouveau ici réglée aux convé-
nances de l'empereur. Cinnamos va jusqu'à
dire que le roi prêta serment de vassalité (1) à
l'empereur pour la couronne royale de Jérusalem! Ceci semble bien improbable. Il est
certain toutefois que les deux hautes parties
contractantes semblent s'être accordées facile-

(1) « δουλεία ».

ment, grâce au charme pénétrant, aux qualités naturelles, à l'insistance pathétique du roi latin d'une part; de l'autre, à la noble générosité du basileus byzantin. « Lettres en furent faites et scellées en or de leurs deux sceaux, » dit Guillaume de Tyr. Combien il serait curieux .de retrouver un jour dans les poudreuses archives de quelque monastère d'Orient l'original ou même la copie de ce traité précieux scellé des bulles d'or pendantes de l'empire et du saint royaume représentant le basileus Manuel et le roi Amaury assis de face en grand costume de cérémonie sur les trônes impérial et royal ! Hélas! cet espoir n'est qu'un rêve irréalisable. Il y a beau temps que, comme tant d'autres milliers de ses congénères, ce document inestimable a péri dans quelqu'une des innombrables catastrophes dont ces régions infortunées ont été le théâtre.

Lors, poursuit le pieux prélat, le roi prit congé de l'empereur pour se départir et retourner en son pays. Alors vraiment apparut en toute sa splendeur la grande richesse de l'empereur Manuel, car il donna au roi si abondamment grande foison de perpres d'or (1), de pierres précieuses, d'étoffes de soie, à tous ses barons aussi et aux sergents de sa maison que tous en eurent en quantité. Puis ce fut le tour du protosébaste, mari de la nièce du roi, qui en fit autant pour tous, aussi richement que s'il eût été lui-même l'empereur. Puis tous les barons grecs aussi, comme s'il y eût eu lutte et rivalité entre eux à ce sujet, comblèrent de leurs dons ces nobles étrangers. « Tant riches dons donnèrent au roi et joyaux riches et divers à lui et à tous ceux qui avec lui étaient. » Quand la flotte du roi fut apprêtée à nouveau, Amaury prit congé de l'empereur et de sa cour, « à bon gré et à grand amour de tous ». Puis il entra en ses galères et s'en retourna en son royaume. « Bien passa deux cent mille de cette petite mer qui a nom de braz Sein Jorge (2), et ces

____

(1) « Perpre », « hyperpre », nom du besant d'or à l'époque des Comnènes; c'était une grande pièce d'or à flan concave portant au droit les effigies du Christ ou de la Vierge et celle du basileus au revers.

(2) C'est une erreur. Il s'agit ici de la mer de Marmara.

deux anciennes cités de Sestos et d'Abydos qui sont deçà et delà, lors entra en la grande mer qui va parmi li terre. Ils eurent bon vent et firent si bon voyage qu'ils arrivèrent tout droit, vers la mi-juin (1), en la cité de Sajete qui est Sidon. »

Je n'ai pas voulu interrompre ce long et si curieux récit du grand chroniqueur des Croisades. Il est du plus vif intérêt, mais, hélas! il est trop sommaire. Que de choses Guillaume de Tyr n'a pas dites! Que de choses nous voudrions savoir de plus! Combien nous voudrions avoir plus de détails sur l'existence que menèrent dans la Reine des Villes le jeune roi latin du Saint Royaume et ses rudes compagnons enchemisés de fer, les barons d'Outre-mer! Combien, dans leur naïve ignorance, ils durent admirer cette cité incomparable, la première de toutes à cette époque, si riche, si élégante, si raffinée, rendez-vous de toutes les races d'Orient, de toutes les flottes marchandes d'Europe et

(1) Le 17 juin. RÖHRICHT, *op. cit.*, p. 353, dit le 14.

d'Asie! Nous voudrions savoir exactement quels monuments célèbres, quelles églises ils visitèrent ensemble. Certainement le basileus et ses courtisans vêtus d'or et de soie les conduisirent d'abord au Temple par excellence, à Sainte-Sophie, cathédrale admirable de l'empire et de la religion orthodoxe. Avec quel enthousiasme les chevaliers francs durent admirer les splendeurs de ces voûtes infinies, étincelantes des feux des mosaïques à fond d'or qui laissaient si loin en arrière les beautés des plus notables édifices de la petite cité de Jérusalem! Que ne donnerions-nous pour voir comme en songe l'élégant basileus Manuel Comnène et son hôte, ce chevaleresque jeune roi Amaury, circulant et devisant avec leur suite martiale à travers les immenses espaces du Temple de la Sagesse divine, adorant les pieuses reliques des innombrables temples de l'immense cité, franchissant sur le dromon impérial orné de mille étendards le « bras Saint-Georges » pour aller assister à quelque fête champêtre dans un des palais impériaux du Bosphore, parcourant

la grande bibliothèque impériale où on leur
montra sans doute *l'Iliade* et *l'Odyssée* écrites
en lettres d'or sur une peau de serpent de quarante pieds de long, et les salles où treize
professeurs attachés à cet établissement ensei-
gnaient gratuitement toutes les sciences! Certainement ils jetèrent aussi un regard d'admiration sur les deux immenses caveaux ou
« héroa », qui au temple fameux des Saints-
Apôtres contenaient dans d'immenses sarco-
phages de pierre ou de marbre les dépouilles de
presque tous les empereurs morts depuis Constantin et Théodose. On voudrait suivre ces
valeureux guerriers latins dans toutes les circonstances de leur vie de touristes et de diplo-
mates à la fois. On voudrait les voir banquetant
au Palais sacré, dans un de ces festins impériaux dont les chroniqueurs byzantins nous ont
dit la somptuosité mêlée à tant de barbarie,
s'échauffant au Cirque pour les exercices des
Factions, parcourant le soir les quartiers popu-
laires où tant de louches distractions attiraient
les instincts grossiers de leurs âmes médiévales.

Hélas! il nous faut nous contenter du récit suc-
cinct du pieux évêque, trop heureux des quelques indices qu'il nous livre et qui nous permettent de reconstituer tant bien que mal
quelques-uns des événements de ces siècles à
jamais disparus.

Revenons à Amaury de retour dans son cher
royaume après ce lointain et émouvant voyage.
Je laisse encore la parole à l'évêque de Tyr.
« Grand joie, dit-il, firent en la terre quand le
roi fut retourné. Ils ouirent tantôt la nouvelle
que Noradins (1) était vers la contrée de Béli-
nas (2) et tenait avec lui grant gens, lors douta
le roi qu'il ne voulût entrer en sa terre et faire
siège ou gâter le pays, pour ce s'en alla hâtivement en Galilée et manda tous les barons du
royaume auprès d'une source moult renommée
qui est entre Nazareth et Seffouria, pour être
ainsi comme au milieu de tout le royaume, afin
qu'ils pussent courir aussitôt où le besoin s'en

(1) Nour ed-Din.
(2) C'est-à-dire « Banias ».

ferait sentir; pour cette raison les rois de Syrie
ont la fréquente coutume d'assembler leur ost
à cette fontaine. »

Près de cette source fameuse, le roi et l'Atâbek campèrent quelque temps en face l'un de
l'autre avec toutes leurs forces. Puis, sans oser
en venir aux mains, ils se retirèrent chacun de
leur côté.

Nous ignorons pourquoi le voyage du roi à
Constantinople, si bien réussi en apparence,
n'eut aucun résultat effectif. Aucune force
byzantine ne parut en 1172 pour soutenir les
Francs de Syrie dans quelque nouvelle tentative contre l'Égypte. Cette année ne fut marquée
quée que par l'arrivée inutile du duc Henri le
Lion de Saxe et de Bavière et par quelques
petits faits d'armes sans importance contre les
forces de l'Atâbek.

En 1173, Nour ed-Dîn par deux fois, Saladin
une seule fois, allèrent attaquer la forteresse
de Karak. Chaque fois ils se retirèrent presque
aussitôt. Dans le courant de l'été une nouvelle

ambassade suppliante s'embarqua pour porter au pape et aux rois de France et d'Angleterre des lettres missives du roi et du patriarche Amaury dépeignant en termes enflammés les dangers terribles que faisait courir au saint royaume l'alliance de Nour ed-Dîn avec le sultan d'Iconium.

Le 15 mai de l'an 1174, Nour ed-Dîn, ce redoutable fléau des chrétiens de Syrie qui, si longtemps, les avait fait trembler, mourut à Damas d'une esquinancie, au moment même où il préparait une expédition en Égypte pour arracher ce pays à la domination de Saladin; « car il avait remarqué chez celui-ci, dit Ibn el Athîr, de la mollesse à combattre les Francs, parce qu'il préférait que ceux-ci continuassent à intercepter le chemin de l'Égypte, afin d'être protégé par leur présence contre l'Atâbek. »

Un médecin, dit Ibn el Athîr, connu sous le nom de « médecin de Rahbah », qui servait Nour ed-Dîn et était au nombre des médecins habiles, m'a fait le récit suivant : « Nour ed-Dîn me manda, ainsi qu'un autre médecin, durant la maladie dont il mourut. Nous fûmes introduits près de lui et le trouvâmes dans une petite chambre de la citadelle de Damas. Le mal s'était emparé de lui, il était sur le point de mourir et à peine pouvait-on distinguer ses paroles. Il s'était retiré dans cette pièce pour se livrer à ses dévotions. La maladie s'étant déclarée subitement, on ne l'avait pas transféré ailleurs. Quand nous fûmes entrés et que nous eûmes vu l'état où il se trouvait, je lui dis : « Il « eût mieux valu ne pas différer de nous man- « der et ne pas attendre que ta maladie aug- « mentât. Mais à présent il convient que tu te « hâtes de te faire transporter de ce lieu-ci dans « un endroit spacieux et clair; car le lieu où « tu es exerce quelque influence sur ta ma- « ladie. » Nous entreprîmes de le traiter et lui conseillâmes une saignée. Il répondit qu'un homme de soixante ans ne se faisait pas saigner, et refusa. Nous eûmes donc recours à un autre mode de traitement. Mais le remède ne lui profita point, la maladie redoubla et il mourut; que Dieu ait pitié de lui! »

« Nour ed-Dîn, poursuit l'écrivain musulman, avait le teint brun, la taille haute; il n'avait pas de barbe, si ce n'est sous le menton; son front était large, sa figure belle, ses yeux pleins de douceur. Ses États étaient devenus immenses, et l'on récitait la prière publique en son nom dans les deux villes saintes et nobles de la Mecque et de Médine et jusque dans l'Yémen. Sa réputation couvrit toute la terre à cause de son excellente conduite et de son équité. J'ai parcouru les chroniques renfermant l'histoire des rois anciens qui vécurent avant l'islamisme et de ceux qui ont paru depuis cette époque; mais, à l'exception des quatre premiers Khalifes légitimes et d'Omar Ibn Abd el-A'zîz, je n'y ai trouvé la mention d'aucun souverain qui ait tenu une conduite plus belle que Nour ed-Dîn, et qui se soit appliqué, plus que lui, à protéger la justice. Ce prince passa ses nuits et ses jours à gouverner avec équité, à entreprendre des expéditions contre les infidèles, à mettre fin aux actes d'oppression, à remplir ses devoirs religieux, à exercer la bienfaisance et à accor-

der des faveurs. Il ne porta jamais des vêtements ni des ornements prohibés par la loi,
tels que les robes de soie, l'or et l'argent. Il
prohiba dans tous ses États l'usage de boire du
vin, d'en vendre et d'en introduire dans ses
villes. Il appliquait la peine légale de quatre-
vingts coups de fouet à quiconque en buvait,
et cela sans considération de personne.

« Un de mes amis qui était frère de lait et
vizir (1) de la princesse fille de Mo'în ed-Dîn
Anar et femme de Nour ed-Dîn, me fit le récit
suivant : « Quand Nour ed-Dîn passait chez
« elle, il allait s'asseoir dans un endroit qui lui
« était réservé. La princesse s'occupait à le
« servir sans s'approcher de lui, à moins d'avoir
« reçu la permission de le déshabiller. Ensuite
« elle passait dans sa chambre et le laissait seul
« pendant qu'il lisait des placets, parcourait des
« lettres et y inscrivait ses réponses. Il y res-
« tait longtemps en prière. Dans la journée,
« il répétait des passages du Coran qu'il s'était

(1) Intendant.

« fait l'obligation de réciter, et, à l'entrée de la
« nuit, lorsqu'il avait fait la prière du soir, il se
« couchait. A minuit, il se levait pour faire
« l'ablution et il restait en prière jusqu'au
« matin. Alors, il sortait pour monter à cheval
« et pour s'occuper des affaires de l'empire.
« Cette dame recevait de lui une pension très
« modique, qui ne suffisait pas à ses besoins;
« aussi m'envoya-t-elle un jour chez lui pour
« en obtenir une augmentation. A cette de-
« mande, il parut très contrarié et la rougeur
« lui monta au front. Puis il me dit : « Où veut-
« elle que je prenne cet argent? Est-ce que sa
« pension ne lui suffit pas? Par Allah! je ne me
« plongerai pas dans le feu et l'enfer pour la gra-
« tification de ses fantaisies. Si elle croit que
« l'argent dont je suis le détenteur est à moi,
« elle se trompe complètement; il appartient
« aux musulmans et doit servir aux besoins de
« la communauté; il est tenu en réserve pour
« réparer les maux que l'ennemi peut causer à
« l'islamisme. Je ne suis que le trésorier des
« musulmans et je ne dois pas les tromper. »

Ensuite il ajouta : « Je possède trois boutiques
« dans la ville d'Émèse, je lui en fais cadeau,
« qu'elle les prenne. » Ces boutiques étaient
un bien maigre produit; que la miséricorde de
Dieu soit sur lui!

« Jamais il ne faisait rien sans les meilleures
intentions. Il y avait à Djezirat un saint personnage qui s'adonnait à la dévotion et qui évitait la société des hommes. Nour ed-Dîn l'esti-
mait beaucoup et était toujours porté à suivre
son avis. Cet homme, ayant entendu dire que
Nour ed-Dîn s'adonnait au jeu du mail à cheval,
 ui adressa une lettre dans laquelle il disait :
« Je ne pensais pas que vous puissiez aimer à
« jouer, à vous divertir et à tourmenter vos
« chevaux, sans profit pour la religion. » Le
prince lui écrivit de sa propre main la réponse
suivante : « Par Dieu! ce n'est pas pour
« m'amuser et pour m'égayer que je me livre
« au jeu du mail; mais nous sommes dans une
« ville frontière, ayant l'ennemi près de nous.
« Pendant que nous nous tenons tranquille-
« ment assis, on peut jeter le cri d'alarme et

« il nous faut alors monter à cheval pour courir
« au-devant des envahisseurs. D'ailleurs, nous
« ne pouvons pas nous occuper à combattre les
« infidèles sans cesse, nuit et jour, été et hiver;
« il faut bien donner du repos au soldat. Alors,
« si nous laissions nos chevaux toujours dans
« l'écurie, ils deviendraient paresseux et
« seraient incapables de soutenir une longue
« marche. Ils ne sauraient, non plus, faire
« promptement la demi-volte sur le champ de
« bataille, quand nous exécutons la manœuvre
« de charge et de retraite. Aussi nous les
« montons et nous les exerçons dans ce jeu
« afin de les dégourdir et de les mettre en état
« de tourner rapidement et d'obéir au cavalier.
« Je déclare, devant Dieu, que c'est là le motif
« qui me porte à jouer au mail. »

« Nour ed-Dîn fut le premier roi musulman
qui institua une cour souveraine, destinée à
connaître des actes d'oppression commis par
les grands. L'édifice qu'il bâtit pour y tenir
séance reçut de lui le nom de « Palais de Justice ». Il possédait au plus haut degré la bra-

voure et un grand jugement. Personne ne montrait autant de constance que lui dans les vicissitudes de la guerre, et personne n'employait avec plus d'adresse les ruses qui servent à dérouter l'ennemi. Il avait tant de prévoyance et était si bien au courant de tout ce qui concerne le soldat que son habileté passa en proverbe. J'ai entendu dire à des personnes innombrables qu'elles n'avaient jamais vu un plus beau cavalier que Nour ed-Dîn; il paraissait ne faire qu'un avec le cheval, tant il avait l'assiette bonne et ferme. Au jeu du mail, il brilla par sa grâce et par sa dextérité; jamais on ne le vit lever le mail au-dessus de sa tête; il lançait quelquefois la boule en l'air et la renvoyait à l'autre extrémité de l'arène. En faisant ce tour d'adresse, il tenait le mail sans montrer sa main et sans la laisser sortir de sa manche, tant il y mettait d'aisance.

« Quand il livrait une bataille, il se munissait de deux arcs et de deux carquois et prenait part au combat.

« Une des mesures les plus sages de Nour

ed-Dîn fut celle qu'il employa à l'égard de ses soldats. Quand un soldat mourait et qu'il laissait un fils, on confirmait celui-ci dans la possession du fief dont son père avait joui. Aussi les soldats avaient l'habitude de dire : « Ceci « est notre bien; il passera à nos enfants et « nous combattrons pour le conserver. » Ce fut là une des principales causes de la fermeté montrée par les troupes de Nour ed-Dîn dans les guerres et sur les champs de bataille.

« Il éleva des constructions extrêmement nombreuses en vue de l'utilité publique et pour la défense du pays de l'islamisme et des musulmans. Il releva les murs de toutes les villes et châteaux de la Syrie, tels qu'Alep, Hamâ, Émèse, Damas, Barîn, Schaizar, Membedj et autres places fortes. Ces réparations furent exécutées d'une manière si solide et coûtèrent des sommes si considérables qu'à peine l'esprit peut-il s'en faire l'idée. Il bâtit des collèges à Alep, à Hamâ, à Damas, et dans plusieurs autres villes, pour l'instruction des étudiants qui apprenaient le droit chaféite et le droit hanefite. Il fit construire des mosquées dans toutes ses villes. Celle de Mossoul est aussi belle et aussi solide que possible. Celle qu'il fit bâtir à Hamâ, sur les bords de l'Oronte, est une des plus belles du monde et des plus pittoresques. Dans les autres villes, les mosquées que le temps ou les tremblements de terre avaient détruites furent relevées par ses soins. Il fonda des hôpitaux dans plusieurs villes, entre autres celui de Damas, très grand, richement doté, distribuant gratuitement les médicaments à tous les musulmans, riches ou pauvres. Il bâtit des caravansérails sur toutes les grandes routes, afin que les voyageurs trouvassent partout des lieux de sûreté pour eux-mêmes et pour leurs bagages, et des endroits pour y passer la nuit, en hiver, à l'abri du froid et de la pluie. C'est à lui qu'on doit les tours de guet qui se voient sur toutes les routes et sur la frontière du territoire musulman qui touche à celui des Francs. Il y plaça des gardes avec des pigeons messagers, afin qu'à l'aspect d'un ennemi ils eussent le moyen d'en avertir leurs voisins. Il fit construire dans toutes ses villes des couvents et des monastères pour y loger des soufis ou derviches et affecta à l'entretien de ces établissements une grande quantité d'immeubles. Il bâtit à Damas une maison pour l'enseignement des traditions se rapportant au Prophète et constitua en « ouakf » ou fondation à perpétuité plusieurs immeubles, dont le revenu devait servir à l'entretien des étudiants. Il est le premier, à notre connaissance, qui ait créé un établissement de ce genre. Il fonda aussi dans plusieurs villes des écoles pour les orphelins et assigna d'amples traitements aux maîtres et aux élèves. Il créa en faveur des nombreuses mosquées qu'il avait fait bâtir des fondations pour l'entretien de ceux qui y récitaient le Coran et des orphelins chargés de ce ministère. C'est encore le premier exemple de ce genre. »

Aussitôt après cette mort qui constituait un si grand événement, le roi Amaury espéra que le trouble amené par cette catastrophe lui servirait pour un coup de main contre la forteresse de Banias. Cette attaque ne réussit point. Cependant l'épouse de Nour ed-Dîn, qui était enfermée dans cette place, rendit vingt chevaliers captifs. Après quinze jours de siège, le roi, qui redoutait l'arrivée d'une expédition ennemie de secours, et qui se sentait malade, quitta l'armée, et, avec quelques suivants seulement, gagna Tibériade, non sans avoir renouvelé les trêves avec le conseil de régence qui gouvernait au nom du fils mineur de Nour ed-Dîn. En ce lieu, le roi fut atteint d'une violente attaque de dysenterie. Malgré son extrême faiblesse, il poursuivit sa chevauchée rapide par Nazareth et Naplouse et arriva à Jérusalem déjà presque moribond. Les médecins réussirent bien à couper la dysenterie, mais une violente fièvre prit l'auguste malade. Amaury manda alors à son chevet des guérisseurs grecs et syriens, mettant encore quelque espoir en leurs drogues. Vainement il les supplia de le guérir. Il revint une fois encore aux médecins francs. Ceux-ci lui administrèrent une potion qui sembla lui faire grand bien, mais la fièvre revint et il expira le 11 juillet de cette année 1174, à l'âge de trente-huit ans. On l'ensevelit au milieu de la douleur et de la consternation universelles dans la sainte église du Sépulcre, aux côtés de son frère, le roi Baudouin. Ce jeune héros mourait à la fleur de l'âge, au moment du plus affreux péril du saint royaume. Ce fut une catastrophe déplorable. Suivant de si près la mort de Nour ed-Din, auquel succédait un enfant de onze ans, cette mort inopinée délivra Saladin de ses dernières craintes. Ses deux plus redoutés rivaux venaient d'expirer à deux mois d'intervalle. Pour comble d'infortune, le vaillant roi Amaury laissait pour unique héritier un enfant de treize ans, le jeune roi Baudouin V, atteint d'un mal incurable, à cause duquel il est connu dans l'histoire sous le nom du roi « mesel » ou roi lépreux.

« J'ajoute, dit l'historien Abou Chamah, dans le *Livre des deux Jardins,* qu'à la fin de cette même année mourut le roi franc Morri qui avait assiégé le Kaire et failli s'emparer des contrées égyptiennes. » On lit dans une dépêche diplomatique du cadi el-Fadhel, l'illustre secrétaire d'État de Saladin : « Une lettre est arrivée de Daroun annonçant que dans la soirée du jeudi 5 *dsoulhizza* (1) est mort le roi des Francs, Morri. Que Dieu le maudisse, qu'il le condamne au supplice analogue à son nom (2), qu'il le jette dans un feu ardent réservé aux misérables pécheurs ! »

Le pauvre petit roi lépreux qui devait devenir l'héroïque Baudouin V fut oint et couronné le 16 juillet 1174 dans l'église du Saint-Sépulcre par le patriarche Amaury. Le régent fut le brave Miles de Plancy, le sénéchal du roi défunt, devenu par son mariage avec Stéphanie, fille de Philippe de Naplouse, veuve d'Humfroy, seigneur de la Terre d'Outre-Jourdain, un des plus puissants vassaux de la couronne !

(1) 7 juillet 1174.

(2) Le nom d'Amaury, écrit et prononcé « Morri » par les Arabes, leur rappelait le mot « morr » qui signifie « amer ». Voy. *Coran*, LIV, 46.

CARTE DE L'ÉGYPTE ET DE LA SYRIE A L'ÉPOQUE DU ROI AMAURY Ier

ERRATA

Page 52, ligne 2, *au lieu de* Dhirghâm, *lire* Dhirgâm.

Page 98, ligne 16, *supprimer les mots* par Dsoul-Higga.

Page 103, ligne 8, *au lieu de* descendu, *lire* descendre.

Page 103, ligne 10, *au lieu de* Shirkouh, *lire* Schirkouh.

Page 183, avant-dernière ligne, *au lieu de* K., *lire* K. y.

Page 227, avant-dernière ligne, *au lieu de* Al-Add, *lire* Al-Adid.

TABLE DES MATIÈRES

CHAPITRE PREMIER

CHAPITRE III

CHAPITRE IV

CHAPITRE V

PARIS. — TYP. PLON-NOURRIT ET Cⁱᵉ, 8, RUE GARANCIÈRE. — 8579.